本书系教育部人文社科重点研究基地中国传媒大学国家传播创新研究中心重大项目"一带一路战略背景下中国国家形象提升战略研究"最终成果,项目编号:15JJD860006。

本书系北京服装学院校内重点科研项目(2018A-03)"时尚品牌传播对国家形象认知的建构研究"项目成果

| 光明社科文库 |

品牌对国家形象认知的建构机制研究

董　妍◎著

光明日报出版社

图书在版编目（CIP）数据

品牌对国家形象认知的建构机制研究 / 董妍著 .--
北京：光明日报出版社，2020.2
（光明社科文库）

ISBN 978-7-5194-5596-5

Ⅰ.①品… Ⅱ.①董… Ⅲ.①品牌战略—关系—国家
—形象—研究 Ⅳ.① F273.2 ② D5

中国版本图书馆 CIP 数据核字（2020）第 022084 号

品牌对国家形象认知的建构机制研究
PINPAI DUI GUOJIA XINGXIANG RENZHI DE JIANGOU JIZHI YANJIU

著　者：董　妍

责任编辑：曹美娜　黄　莺　　　　　责任校对：兰兆媛
封面设计：中联学林　　　　　　　　特约编辑：张　山
责任印制：曹　净

出版发行：光明日报出版社
地　　址：北京市西城区永安路 106 号，100050
电　　话：010-63139890（咨询），010-63131930（邮购）
传　　真：010-63131930
网　　址：http://book.gmw.cn
E-mail：caomeina@gmw.cn
法律顾问：北京德恒律师事务所龚柳方律师

印　　刷：三河市华东印刷有限公司
装　　订：三河市华东印刷有限公司
本书如有破损、缺页、装订错误，请与本社联系调换，电话：010-63131930

开　　本：170mm×240mm
字　　数：151 千字　　　　　　　　印　　张：13
版　　次：2020 年 2 月第 1 版　　　印　　次：2020 年 2 月第 1 次印刷
书　　号：ISBN 978-7-5194-5596-5

定　　价：78.00 元

教育部人文社会科学重点研究基地重大项目

《"一带一路"战略背景下中国国家形象提升战略研究》

系列丛书主编：张树庭　孔清溪

课题组成员名单

课题负责人：张树庭

课题组成员：孔清溪　董　妍　宫月晴　郑苏晖　吕艳丹

龙小农　任孟山　范　佩　谢伦灿　杨　勇

序

在全球化及信息技术高速发展的今天，品牌已成为衡量一个国家经济实力和国家影响力的重要指标，是消费者认识和了解国家形象的渠道之一，能够在一定程度上承载国家文化。

品牌的各个要素都可能对国家形象认知起到建构作用，无论是为消费者提供使用价值的产品部分，还是为消费者提供精神价值、情感价值和文化认同的品牌文化部分，品牌在反映国家技术、经济发展等硬实力形象的同时，已能够体现出国家的国民素质、文化传统、价值观念等软实力形象。

消费者通过品牌，对国家形象所产生的认知也有特定的心理机制：第一，品牌能够为消费者带来认识国家形象的新角度和新途径，成为国家形象的认知补充；第二，品牌中包含的明确的、具体的与消费者和国家相关的信息，能够让消费者改变对国家形象认知的态度；第三，当消费者对于品牌产生认同和情感关系时，可能会将品牌带给他们的感受转移到国家形象中；第四，消费者对品牌与国家形象认知一致时，品牌认知会加深他们对于国家形象的理解；第五，正面的品牌形象认知不一定会带来正面的国家形象认知，但是负面的品牌形象却会带来溢出效应，让消费者对国家形象产生负面认知。

当消费者对国家形象认知的信息储备不足时，品牌则有机会成为一种重要的认知渠道。如果品牌的知名度和市场占有率足够高，消费者就能够通过品牌直接构建出国家形象；如果品牌在消费者心目中的地位足够高，那么很可能会将对品牌的情感转移到国家形象的认知中。

此外，品牌与国家优势产业的相关性及品牌文化与国家文化的一致性，也决定了品牌如何建构国家形象。如果品牌与国家优势产业相关性强，属于国家的优势产业领域，则能够通过带动相关品牌发展，形成产业集群，从而增加国家整个产业的竞争优势，使得优势产业成为国家形象的重要构成部分，并形成来源国效应。品牌与国家文化一致性高，表现为品牌的风格、设计、理念与国家的国民、历史文化、传统及价值观方面的契合度较高，那么品牌自身的文化价值，能够让品牌成为国家文化传播的一种载体。品牌如何推进行业发展形成国家优势产业从而打造国家的来源国效应；以及品牌如何将商业与文化艺术相结合，在品牌传播与推广的同时传递国家文化，让品牌成为国家文化的优质传播载体，是本书探讨较为深入的两个重点。

对于大部分企业来说，在不能保证品牌拥有绝对的市场份额与消费者心智份额时，品牌与国家形象在文化上的一致性或品牌与国家优势产业的相关性，成为了他们在海外发展过程中助力国家形象传播的重要因素。

目 录
CONTENTS

第一章　绪论

一、研究背景

（一）全球竞争加剧，国家形象亟待提升

信息技术发展和全球化进程不断加快的今天，越来越多的研究者认识到，良好的国家形象对维护国家利益、推进国家经济发展、扩大国家在世界范围内的影响力具有积极的作用。不少国家已经开始从战略高度对国家形象进行重新定位，并不断调整和重塑国家形象，以便在国际市场上获得更高的地位和更强的竞争力、影响力。国家形象是一个国家综合国力的反映，是一国民族文化与国家精神的外在表现。在当前复杂的经济形势与国际竞争中，正面的国家形象可以使国家间的摩擦成本降低，而负面的国家形象则可能增加国家间的冲突成本。当前，国家形象已经成为一国在国际舞台和对外交往中的旗帜，是一国走向世界的通行证，也是国家和经济发展的助推器。①

---

① 刘继南.国际传播与国家形象 [M].北京：北京广播学院出版社，2002：3.

20世纪70年代，随着改革开放的不断深入，中国崛起成为不可阻挡的趋势。中国不断增强的国力和政策发展引起世人的广泛关注，中国的意图成为世界其他国家不断揣摩的对象。自2001年我国加入世界贸易组织（WTO）之后，成功地应对了世界范围内的金融危机，此后相继举办了北京奥运会、上海世博会，主动投放国家形象宣传片，向世界展示了中国负责任的大国形象。现今，世人眼中的中国形象虽然已经有了长足的进步，但是依然饱受诟病。尤其是20世纪90年代以来，在全球化进程中，中国不断加快自身的步伐，使得经济迅速崛起，让世界一些发达国家对于中国的"和平崛起"产生了质疑，"中国崩溃论""中国威胁论"等观点充斥国外媒体。中国的发展目标和战略意图不断受到质疑、责难和丑化，被认为"中国形象虽是发展的，但可能会是麻烦的"[①]。在国外大众看来，中国的国民急功近利、素质堪忧；产品价格低廉，质量却不够可靠；环境问题始终没有得到有效解决……面对国外媒体及社会大众的"傲慢与偏见"，我国应当以何种形象和价值体系面对国际社会，是当前乃至以后我国国家形象重塑及传播过程中亟待解决的问题。

（二）国家形象建设囿于单一手段

当前学术界中，与国家形象建构研究最为紧密的领域就是大众传播。多年来，国内学者对于通过大众媒体对国家形象提升的研究已经非常丰富，有从媒介议程设置的传播学角度、社会学角度及建构主义等方面各开展进行的研究。然而学者们提出的关于国家形象的建构手段仍然主要集中于大众媒体这一种渠道，并且，我国在政策制定和实施层面也在不断强调媒体传播对于提升国家形象的重要

---

① 郭可.当代对外传播 [M].上海：复旦大学出版社，2003：105-109.

性。2001年起，中国媒体产业的"走出去"工程，不断提升我国媒体在海外的影响力，国家对官方媒体机构不断增加政府的专项资金投入。2009年，用于增强中央主要传媒机构国际报道与全球业务能力的资金达到450亿人民币，使得中央电视台的跨国卫星电视快速扩展并不断调整，开通 CCTV24 小时英文频道、CCTV 美国频道，新华社成立北美总部，中国国际广播电台通过61种语言进行播送，《中国日报》不断扩展着它的海外办事机构和发行渠道。这些传媒机构的目标也相当明确——将中国的声音传到全世界。

然而，媒体对于国家形象的建构主要是通过本国媒体对国家政策、方针的报道以及对于国内外事件的信息传递形成的。传播效果取决于媒介的公信力、受众使用媒介的方式和动机等[①]。媒体渗透力和影响力不足，使得中国媒体在海外的努力并没有改变国际民众的媒介接触习惯，他们的信息来源渠道依然是本国的主流媒体。例如《人民日报》、中央电视台、新华社虽然能够登陆欧洲，但欧洲人接触信息的主要来源依然是欧洲本地的主流媒体，包括当地的报纸、杂志、电台和电视台等。随着网络的发展和社会化媒体的便利，来自中国的影视剧、游客、产品和名人在网络上的传播对他们产生更直接的影响。[②] 因此，本国媒体对于国家形象的建构效果是有限的，国际社会公众所接触的当地媒体的报道，对于中国国家形象的影响作用更显著。然而，由于对他国媒体的报道取向与客观性难以把控，效果也非常有限。

随着信息技术的发展，大众更愿意通过新媒体直接获得一国的

---

① 黄旦，屠正锋.也谈中国的传媒实力—评胡鞍钢、张晓群先生的《中国传媒迅速崛起的实证分析》[J].新闻记者，2006（1）.

② 范红.国家形象研究 [M].北京：清华大学出版社，2015：11.

一手资料，那些曾经被媒体议程设置下的国家形象，无论在可信度还是有效度上都逐渐让位于新媒体环境下的人际信息传播带来的更为真实的国家形象。在当前媒介建构国家形象的研究大潮中，有学者已经意识到这个问题，提出"国家形象传播具有多介质、多渠道的特点，其传播方式已远超大众传播的范畴。产品传播、人际传播的重要性日益凸显，甚至成为与大众传播同等重要的国家形象传播渠道"[①]。因此，国家形象的建构不应当囿于媒体传播这一种渠道。

　　各类文化形式的传播也是近年来学者们普遍研究的国家形象的建构方式。随着国际文化交流的推广，戏剧、电影、电视剧、舞台剧、展览、文学作品等在国际间频繁开展。文化交流中所体现的国家形象，对于国家历史文化方面的传播具有重要意义，易于被受众接受。然而目前由于全球文化中西方文化的霸权地位，文化市场上充斥着具有普世价值观的西方电影、电视剧、音乐等作品，使得其他文化形式都处于从属地位，传播的辐射面有限，受众人群较少。而西方文化多年来形成的对于西方文化价值观的认同，让其他国家的文化传播难以打开局面。因此，以文化传播来助力国家形象的提升虽然能够取得较好的效果，但是短期内也难以大范围展开。

　　国家形象的塑造是一个系统的过程[②]，不仅需要大众媒体，还需要国家的多方位参与。国家形象的主体不仅仅是政府，还包括企业、组织和全体国民。[③]大众传播已经无法承担国家形象传播之重，但当前研究者还无法提供除大众传播以外的具体传播策略。

---

①　刘辉.国家形象塑造：大众传播不可承受之重[J].现代传播，2015（12）.

②　张毓强.国家形象刍议[J].现代传播，2002（2）.

③　程曼丽.大众传播与国家形象塑造[J].国际新闻界，2007（3）.

（三）品牌是国家形象建设的重要工具

"在国际交往中，松下是我的左脸，索尼是我的右脸"[①]，日本前首相中曾根康弘早就意识到了日本的知名品牌对于国家形象的重要意义。近年来领土面积较小的国家，如瑞典、丹麦、荷兰、西班牙，能够迅速在中国大众中建立良好的国家形象，除了其国家的自然风光外，国家拥有的知名品牌被广泛接受也是重要原因之一。宜家家居依靠着良好的设计理念几乎撑起了整个瑞典国家形象；高端音响、婴幼儿品牌让丹麦这个寡民小国美誉度极高；以飞利浦为代表的一系列以产品设计为优势的品牌让荷兰成为中国年轻消费者心目中的创意国度；ZARA 等服装品牌让西班牙成为世界时尚产业新基地。

知名品牌不仅是国家实力和民族财富的象征，更是国家形象对外传播中与国际大众沟通的良好工具。一项在法国地区执行的民众调查表示，大众了解中国的主要渠道有商品、媒体、个人接触、中餐、旅游、阅读、学校等几个途径，其中选择较多的为商品、媒体和人际接触。[②]与普通大众生活紧密相关的东西会更容易影响他们对国家的看法。因此，除了媒体之外，产品才是与大众生活联系最为紧密的存在。在中国传媒大学分别于2000年和2015年的两次在北京地区执行的"中国消费者对海外品牌及国家形象认知调查"中，被访者对于德国和日本的国家形象联想中在2000年出现了大量类似"野蛮""教条""变态""好斗"等负面词汇；而在2015年的调查中，不仅负面词汇量大幅减少，且对于"德国制造"和日本品牌的好评，

---

① 王志平.索尼公司的公司治理变革与启示 [J].外国经济与管理，2006，（5）：61-65.

② 刘辉.国家形象塑造：大众传播不可承受之重 [J].现代传播（中国传媒大学学报），2015（12）.

以及对两国与产品相关的正面评价显著增加。可见，品牌对于国家形象的提升具有正面作用。

　　越来越多的学者开始意识到品牌对于国家形象建设的重要性，中国企业在海外发展中的形象和中国产品在国际上的形象已经影响到了我国的国家形象建设。① 商业品牌除了能够一定程度上展示国家形象，还能够传递一国的国家文化，因为商业品牌能够传递和表达国家的身份。② 然而，目前国内学界并没有将企业的品牌建设作为一种国家形象提升的战略手段，一些中国品牌在海外经营时已经能够代表国家形象却没有被重视，还有一些企业品牌的负面新闻甚至为国家形象带来了负面效应。

　　从2006年至2012年，在国外机构进行的"外国人眼中的中国公司"的调查中，"便宜""劣质""海量""仿冒"是国外消费者对于中国企业的产品质量、品牌吸引力和企业行为等方面的描述。"低成本""快速扩张"和"不道德"仍然是中国企业在国外民众心中的印象。③ 在2016年Interbrand世界品牌100强排名中，上榜的中国品牌仅有两个。中国外文局发布的《2016年度中国企业海外形象调查分析报告》中显示，与其他国家的企业和产品相比，中国产品最大的优势依然是"价格便宜"，被访者对于中国产品的质量仍然表示担忧，并且有65%的被访者表示，不购买中国产品的原因是"质量不过关"，53%的受访者认为"假冒伪劣产品多"，所以不会选择中国产品。④

-----

① 胡伟.软实力视阈下的中国政治价值与国家形象建构 [J].学术月刊,2014(11).
② 徐进.国家品牌指数与中国国家形象分析 [J].国际关系学院学报，2012（1）.
③ 调查范围包括美国、英国、法国、德国等欧美8个国家，调查样本为7500。
④ 中国外文局对外传播研究中心课题组，翟慧霞，黄传斌.2016年度中国企业海外形象调查分析报告 [J].对外传播，2016（11）：22-26.

在全球市场上，缺少具有竞争力的中国自主品牌已经成为制约我国的国际竞争力的重要因素。多年来"中国制造"所代表的产品依然依赖廉价劳动力和大量资源消耗，没有品牌的核心技术和价值。中国企业一直在"微笑曲线"的利润最低环节进行竞争，而且，随着人口红利优势的减弱，我国的劳动力成本不断增加，使得劳动密集型产业不断向东南亚地区转移，让我国的制造业逐渐失去了低成本优势。我国政府已经意识到粗放型发展方式是不可持续的，因此提出了供给侧改革和转变制造业的发展方式。近年来，我国已经将对企业品牌的建设提升到国家战略高度，加强企业品牌的建设不仅是振兴经济的必要方式，更成为提升国家形象的重要手段。

品牌已经成为衡量一个国家经济发展实力和国家影响力的重要指标，是国家竞争力的综合体现。同时，品牌也是国外消费者认识和了解中国形象的主要渠道之一，中国品牌对于国家形象的贡献力有待提升。因此，企业品牌如何建构国家形象仍是亟待解决的问题。

二、国内外相关研究综述

（一）国外研究

国家形象的概念在西方国家并没有明确提出过，早期相关研究出现于西方国际关系研究领域中，研究对象为"国家威望（Prestige）""国家声誉（Honor）"等近似概念。早在古希腊时期，修昔底德曾提出"国家的存在与个人一样，会不断地追求安全、荣誉和私利，这是国家的本性"[①]。而近代较早进行国家形象研究的是美国著名经济

---

① 〔古希腊〕修昔底德，伯罗奔尼撒战争史 [M]. 谢德风，译. 北京：商务印书馆，1985.

学家肯尼思·艾瓦特·博尔丁（Kenneth Ewart Boulding），对国家形象从哲学和心理学的角度进行了深入研究。随后，摩根索（Hans J. Morgenthau）在对国家权力斗争的策略阐释中阐述了"国家威望"对国际关系的重要影响。[①]吉尔平（Herbert Kilpin）[②]、傅立民（Chas. W. Freeman）[③]都将国际威望和国际声誉与国家形象进行阐释。布尔丁（Kenneth Boulding）的《形象论》、麦尔瑟的《声望与国际政治》都从国际声誉方面对国家形象进行了相关论述。

而近年来，国外学者对于国家形象的相关研究更侧重从战略到策略的应用性研究。不少学者们从营销传播学角度出发，将国家信息作为一种与价格、品类等因素并列的产品外在信息，作为消费者决策和判断的依据。这种国家对于产品信息的背书，被称作来源国效应。他们认为，产品或品牌的来源国形象就是国家形象。20世纪90年代开始，地区营销和城市营销兴起，国家营销则成为一个研究分支，国家形象成为重要的研究对象。有学者认为，国家也应当以公司打造品牌的方式来进行品牌化运作，以商业品牌的营销方式对国家形象进行推广，并且把国家的经济实力、商业品牌、文化差异都作为构成国家品牌这个综合整体的要素。关系品牌与国家形象关系的研究主要有以下几个方面。

---

① Hans J. Morgenthau. Politics Among Nations：The Struggle for Power and Peace[M]. The McGraw-Hill Companies Inca，1985：86-97

② 罗伯特·吉尔平. 世界政治中的战争与变革. 宋新宁，杜建平，译. 上海：上海人民出版社，2007：37.

③ Chas. W. Freeman, Jr.. Arts of Power：Statecraft and Diplomac[M]. Washington，D.C.：United States Institute of Peace Press，1997：41.

1. 来源国效应研究

1962年，迪西特（Dichter）[①] 提出成功的市场营销需要注意到来自各国消费者的区别与共性。随后，Schooler[②] 在1965年首次提出来源国效应（Country of Origin，简称COO），并且展开相关实证研究。如今，国外已有至少1400篇文章谈及来源国效应。其中提出开创性观点的韩（Han，1989）认为，产品的来源国因素已经成为产品的质量保证之一，并且影响到消费者的态度和对产品购买的评估，经济发达地区或者国家的产品，与来自经济欠发达地区或国家的产品相比，更容易受到大众的欢迎。来源国最早是指生产产品的国家，也称产品制造国。全球化的今天，消费者能够接触和使用来自全世界的产品和品牌，一个品牌从设计、生产到营销，最终送到消费者手中，会在各个国家经历不同的环节。最初以 "Made in…" 来确认的产品来源国信息[③]，今天被品牌注册地、品牌总部所在地、产品生产地、产品组装地等诸多因素所影响。来源国效应涉及消费者如何看待来自某个国家的产品，因此，消费者对来源国形象认知成为品牌认知的一种影响因素。

来源国效应目前依然是国际上消费者行为研究最热门的领域之一，在以往五十余年的研究中，伴随国际贸易壁垒的不断降低和全球化的深入发展，消费者在面对各种选择因素时，来源国效

[①] Dichter E. The world. consumer[J]. Harvar. Busines. Review, 1962：51-60. I. Dzeve. S. Queste. P. Country-of-origi. effect. on purchasing agent's product perceptions：An australian perspective [J]. Industrial Marketing Management，1999（28）：165-175.

[②] Schooler R.D. Product Bias in the Central American Common Market [J]. Journal of Marketing Research，1965（2）：394 -297.

[③] Dichter E. The world consumer. Harvard Business Review[J]. 1962：51-60.

应吸引了越来越多的注意（Al-Sulaiti and Baker，1998），来源国的国家形象对于企业的营销战略和消费者关系日益重要（Abhilash and Roy，2009）。不断有学者对品牌来源国的形成、效用机制、构成要素、影响因素等进行研究。李森等人（Jason，1985；Cattin，1992；Peterson，1995）认为，来源国效应的影响因素主要包括产品的外在属性；简达等人（Janda&Rao，1997；Hong&Wyer，1989；Maheswaran，1994）陆续以实证研究的方法，证明了消费者的个人因素，包括知识背景、先前经验能够影响来源国效应的作用机制；塞莫尔等人（Zeithaml，1988；Peterson & Jolibert，1995；Hong&Yi，1992）验证了产品属性信息、产品类别会影响来源国效应的产生，其研究对象从耐用消费品到快速消费品、个人用品扩充到电子通信产品等各种品类，以证明不同类别的产品会受到来源国形象的影响，关系来源国研究的范围也覆盖美、日、德、法等各个国家和地区；韩（Han,1989）[①]将来源国效应的影响机制归结为信号假说，并得到李和韦尔（Li&Wyer，1994）的支持，随后他们将其进一步推理，形成独立性假说，阿格拉瓦等（Agrawal&Kamakura，1999）支持随后韩（Han）提出的概构模型。这一系列假说证实了来源国效应对于消费者的影响机制。

因此，来源国效应实际上是对消费者品牌决策行为的研究，国家形象是影响消费者选择产品与品牌的影响因素之一。

2. 来源国国家形象的研究

对于来源国效应的研究引发了来源国形象的相关研究。在来源国效应研究的基础上，研究者们逐渐观察到，作为消费决策影响因

---

① Han C M. Country images：Halo oh summary construct?[J]. Journal of Marketing Research，1989，26（2）：235-256.

素之一的国家形象，其实际内涵非常丰富，因此不少学者开始专注于来源国形象的研究。花岛（Nagashima）在1970年提出："商人、消费者心目中认为某个具体国家的产品所拥有的图像（Picture）、名声（Reputation）以及刻板印象（Stereotype）就是来源国形象。"[①] 来源国形象则是由该国的代表产品、国家的地理风貌特征、经济发展与政治背景、历史与文化传统等因素所形成的。而随后，那罗延（Narayana，1981）为来源国形象下了更为笼统的定义，即"对任何特定国家产品的形象总合（Aggregate image）"，主要关注一国的产品形象对于国家形象的投射。与此定义相近的还有比尔基和奈斯（Bilkey and Nes，1982）及韩（Han，1990）所认为的：一个国家的形象不应当是笼统的，而是需要更具体的，与产品感知相关，国家形象就是消费者对于一个国家所制造产品质量的总体感知。罗斯和罗朱欧（Roth and Romeo，1992）将来源国形象定义为"消费者基于对该国产品和市场营销活动优劣势的感知，所产生的对特定国家的产品产生的总体感知"[②]。也有学者把来源国形象分为整体国家形象、整体产品形象及与产品相关的国家的营销能力印象，兰滋等人（Parameswaran &Pisharodi，1994；Lantz&Loeb，1996）认为，如果认知主体对一国的产品还没有形成客观的评价时，他们对于国家的感知声誉可能会被用来代替对产品的感知，这被称为是国家刻

[①]　Nagashima A. A Comparison of Japans, and U.S. Attituds Toward Foreign Products[J].Journal of Marketing Research, 1970, 34：68-74. Nagashima A.A Comparative 'made in' Product Image Survey Among Japanese Business Men[J]. Journal of Marketing, 1977, 41（3）：95-100.

[②]　Roth M, Romeo J B. Matching product category and country image perceptions：A framework for managing country-of-origin effects [J] .Journal of International Business Studies, 1992, 23（3）477-497.

板印象或国家形象。

西方学者从产品营销角度出发，认为来源国形象是通过国家产品所得到的映射，消费者对产品来源国形象的认知与看法与产品直接相关。随后，学者们开始注意产品来源国的经济发展、技术发展情况等因素对于来源国效应的影响。当前来源国的产品形象研究不断丰富，已涉及产品背后国家形象的各个层面。

3. 国家形象品牌化研究

国外学者关于国家形象的研究，其实是从品牌营销角度，将国家形象作为一个影响消费者选择产品的线索。而他们所描述的国家形象，是消费者通过国家产品所感知到的来源国国家形象。这种营销角度的研究启发了随后的研究，既他们将国家形象作为研究对象，以营销学为研究方法，将国家和地区作为一种品牌，进行从战略到策略层面上的研究，并广泛应用在实践层面。

英国学者西蒙·安浩（Simon Anholt）1996年首次提出国家品牌（National Brand）概念，[①] 他认为，一个国家的声誉不取决于其怎么宣传，而应当取决于其怎么做，全球化的竞争时代，国家需要通过旅游、出口的品牌、政府的政策、吸引投资、文化交流以及国家的人民来帮助国家建立竞争优势识别系统。西蒙·安浩与 GFK 市场调研公司共同开发了国家品牌指数（Nation Brands Index），以此来测量世界各国的国家形象和国家声誉，同时帮助各个国家和地区进行国家品牌战略方面的咨询。他认为，国家打造其国家形象的目的就是建立国家品牌，国家品牌的建立是国家在全球化经济环境下增强国家竞争力的有效手段。荷兰学者彼得·万·汉姆（Peter Van

---

① Simon Anholt, Nation-brands of the twenty-first century[J].Journal of Brand Management, 1998, 5（6）: 395-406.

Ham）在2001年提出，正是全球化和媒体的发展让各个国家之间的实力竞争更加激烈，国家之间的竞争如同商业品牌一样，也要在市场上建立独特性和影响力，以便吸引更多的投资和移民，因此国家形象就等同于国家品牌。市场营销大师菲利普·科特勒（Philip Kotler）于2002年提出，可以将国家作为一个品牌或产品去营销，他认为，正是受到产品来源国效应的启发，来源国效应之所以能够改变消费者的态度，是因为国家形象在消费者心中形成了一种刻板印象，而国家既然在消费者心目中形成了刻板印象，就需要把它进行品牌化的塑造，来完善这个印象，通过分析国家的竞争优势、劣势、机会与成本，能够梳理国家的品牌故事和品牌构成，并通过控制国家出口的产品质量等手段打造出值得信赖的国家品牌形象。英国学者基斯·丹尼（Keith Dinne）在他2008年出版的 *Nation Branding：Conceps，Issues，Practice*[①] 一书中，结合埃及、智利、瑞士、俄罗斯、巴西、冰岛等多个国家的实践案例，从国家形象的定位、品牌识别、国家形象要素等多个层面论述了国家品牌概念，以及如何一步步建构国家竞争力。除此之外，学者查理斯·布来默（Charles Brymer）在一篇名为 *Branding a Country* 的文章中提出，如果将国家视为一个品牌，那么在营销的思维上，需要透过国际传播的方式将国家品牌化，推荐到国际上并且创造其成为世界级一流"品牌"。

可见，国外对于国家形象的研究主要以营销学为研究框架，并且将国家形象基本等同于国家品牌，目的就是增强国家在全球市场上的竞争力。

---

① Dinnie K. Nation Branding：Concepts，lssues，Practice[M].Ox ford：butterworth-Heinemann，2008.

（二）国内研究

国内对于国家形象的研究始于20世纪90年代，在2008年北京奥运会前后达到高峰，2010年后相关研究的角度更加多样化，内容也更为丰富。从探讨国家形象的边界、概念的研究，到探讨从媒体、文化形式到各类事件对于国家形象的建构，到从建构主义视角理解国家形象，再逐渐拓展至中国国家形象、国家形象危机处理等现实层面的应用。然而，关于品牌与国家形象之间关系的研究较少，仅有少量类似于西方国家的消费者视角下的研究。近年来也有学者提出，企业和品牌也能够成为国家形象提升的一种渠道，然而却没有进行过系统的论证。当前国内关于品牌与国家形象的研究如下。

1. 消费视角下，国家形象作为品牌判断的依据

不少学者借鉴国外对于产品与国家形象间关系的研究，将国家形象作为影响因素，研究其对于消费者产品及品牌偏好的研究。如李东进、吴波（2008）通过模型分析发现，国家形象间接地影响消费者的购买意向，其影响系数因产品类别不同而有所差异；王毅博士（2010）将国家形象和品牌形象同时作为产品评价的自变量，在模型中引入国家形象和品牌形象的相关关系，发现产品的国家形象和品牌形象之间相互影响；荣梅博士（2013）比较分析了中国、日本和德国三个国家的来源国形象作为一种影响因素对消费者购买意向的影响，验证了消费者对来源国形象的感知是存在差异的，来源国形象在不同维度上对消费者感知价值的提供和购买意向的影响程度是不一样的；才源源博士（2013）探讨积极的、具体情绪下，来源国效应能够发挥更大的作用；王子言博士（2015）探讨了国家形象对消费者购买意愿影响，并将品牌资产与爱国主义作为其中两个影响因素来考量。

可见，国家形象作为消费者品牌选择时的一个变量，在不同情况下会发生不同的作用。

2. 国家形象建构中的企业要素研究

近年来不少学者从自身的专业角度出发，研究各种媒介形式对于国家形象的塑造，而主要的研究依然集中在：通过媒体对国家形象的建构；通过国际公共事件的建构；通过对各类文化形式对国家形象的建构。有不少学者在国家形象的相关研究上也提出了企业品牌的重要性，将品牌作为与媒体、重大事件、公共外交等手段并重的国家形象塑造渠道之一。如闫志军（2007）提出，目前世界各地的消费者，都不可避免地接触和消费着来自中国生产和制造出的产品，通过对这些产品的感知，他们能够感受到中国国家特色的看法，因此，必须切实保证出口产品质量才能赢得各国消费者的肯定与尊重。徐进（2012）认为，要社会大众改变对中国的国家形象，不是看中国说了什么，而是做了什么，人们要改掉固定的观念，必须有连续不断的品牌营销活动来逐渐走入公众生活。王晓璐、孙卫华（2012）认为，个体消费者对产品品牌的好感可以增加其对产品品牌所属国的好感，进而提升该品牌所属国在消费者心目中的形象。对国家来说，知名品牌是国家经济实力的一个缩影，是构成国家形象认知的要素之一。胡伟（2014）提出，中国企业的形象和中国产品的形象直接影响到我国国家形象的建设。已有不少学者意识到品牌对于国家形象建设的重要意义，但是根据国家形象各种建构渠道研究的具体内容来看，品牌对国家形象建设影响的专题研究依然较少深度和系统化的研究。

3. 品牌影响国家形象的作用机理研究

一些学者从消费者行为学和心理学方面着手研究品牌影响国家

15

形象的具体层面。如江红艳、王海忠（2011）提出的原产国刻板印象的逆转效应，认为企业是可以改变国际市场上的消费者对于企业和产品的看法的，消费者可以通过对于企业态度的改变，而最终改变对于原产国的刻板印象，甚至最终产生正面的来源国形象认知。随后，江红艳、王海忠（2014）通过实证研究，发现对能力印象突出的国家，能力型（与道德印象突出的国家相比）品牌丑闻对国家形象的影响较大，对温情印象突出的国家，道德型品牌丑闻对国家形象的影响较大，证实了品牌丑闻对国家形象的确存在负面的溢出效应。江红艳（2015）在之后的研究中，以消费者作为中间变量，将消费者对于企业的认同因素纳入考虑范畴，最终得出企业形象对国家形象能够产生一定的影响作用。范红、杜宇（2017）通过对国外的大量文献研究认为，国家形象对产品的晕轮效应可以逆转，消费者在使用来自同一国家的不同产品后，会将产品形象总结成该国产品的总体形象，从而影响消费者对背后的国家形象的印象。

目前，品牌对国家形象的建构研究整体数量有限，并且基本都停留在对于文献的综述、对于概念的提出及分支论点的实证研究上，还没有从系统层面和消费者角度来论证品牌对于国家形象认知的整体理论模型，以及其具体作用机理和影响因素。

三、研究内容

（一）研究对象：品牌及国家形象

基于对相关文献内容的回顾，本研究的研究重点集中于品牌对国家形象的建构。品牌的对象是消费者，而国家形象的对象是社会公众，因此，本研究中的国家形象，是社会公众在作为消费者时，通过对品牌的认知与体验，所形成对国家形象的认知。

1. 品牌的哪些要素能够帮助消费者建构国家形象认知

品牌本身是一个复合的概念，包括产品、营销、文化、广告传播企业文化等众多因素。消费者在品牌认知与体验中，会根据个人需求更重视品牌的某些因素。而品牌的众多构成因素，并非都与国家形象相关，也不是所有因素都能够成为消费者认识国家形象的渠道。探究哪些品牌要素能够帮助消费者建构国家形象，建构的作用如何，能够清晰地了解品牌对于国家形象建构的深层意义和作用机理。

2. 品牌对国家形象认知建构的作用机制是什么

来源国效应中，有信号假说、概构模型、弹性模型等作用机制来反映国家形象具体通过何种心理机制来影响消费决策；那么反过来，消费者在品牌决策中，又通过何种机制来形成对来源国形象的认知？品牌的认知能够带来消费者对国家整体形象的认知还是具体的、细致的认知？通过对品牌的了解，消费者是如何增进、补充、改变、甚至恶化对品牌来源国的国家形象认知的。

3. 品牌建构国家形象认知的作用机制受到哪些因素的影响

在消费者通过品牌对国家形象认知的形成机制中，会受到哪些因素影响？消费者自身的因素以及品牌方面的因素是如何影响品牌对国家形象的建构的，其内在逻辑和影响关系具体是什么？

关于本研究的对象有三点说明。第一，本研究研究的是品牌而不是产品。品牌与产品相比具有更丰富的意义和价值，品牌自身会与来源国的历史、文化发展与国家特性相关，而这种基于个性和风格的差异，在品牌中的体现要比单纯的产品表现得更为充分。第二，本研究的研究对象为企业消费品品牌，而非电影、电视、音乐、游戏等文化类品牌，也并非巴黎、伦敦等城市品牌，非奥巴马、贝克汉姆等个人品牌。在本研究范围内，只有消费品品牌，既具有产品的实体又同时具备精神文化价值。第三，本研究所指的关于国家形象认知，是指消费者作为认知主体对于国家形象这个客观存在所产生的主观认知，并不能代表国家形象的客观存在以及媒体等其他方式所建构出的国家形象。

（二）研究创新：品牌是建构国家形象的重要手段

目前，国内外对于品牌与国家形象之间关系的研究，主要停留在消费者如何借助国家形象进行品牌判断，而如何通过品牌去建构国家形象认知则基本属于研究空白。另外，国内对于国家形象建构的研究中，以媒体为主要建构方式，媒体对于国家形象建构机制的作用已经有较为完整和充实的多方面论证。此外，电影、电视剧、演出等文化手段对国家形象的建构，以及奥运、世博会等公共大型事件对国家形象的建构近年来也逐渐成为学者研究的焦点。本研究认为，品牌是与媒体、文化和公共事件并存的国家形象建构方式之一，如图1所示。

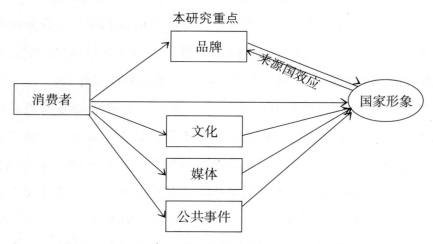

图 1　研究重点：消费者通过品牌建构国家形象认知

消费者通过对品牌的认知和体验所建构的国家形象，与通过媒体、文化等形式所建构出的国家形象具有一定的差异，并且具有以下几点优势：

1. 品牌兼具使用价值与文化价值

品牌能够带来多个层面的价值传递。

首先是产品的实体所带给消费者的产品使用价值，即国际大众作为消费者能够通过产品的购买和使用解决他们生活中的实际需求，并且对产品产生直观的体验，好的产品体验，能够在消费者心中形成记忆。而产品的来源国作为一种品牌的外部信息，消费者会将产品的质量、设计、性能等方面与产品来源国或多或少地发生联系，例如，消费者会将"德国制造"与德国产品的好品质、放心的产品体验与德国各产业的高标准、德国人的严谨作风相联系。

其次是品牌的精神价值。品牌不同于产品，除了能够为消费者提供基本的使用性能外，还附加了品牌的文化、历史与精神价值。这种附加价值在品牌传播时就通过各种媒介传达到消费者，消费者通过对于品牌故事、精神和价值观的了解，让他们能够获得一种情感体验和社会身份认同。如果品牌在传播过程中，其品牌要素与来源国形象较为一致，那么消费者能够将品牌与来源国之间发生关联。如消费者看到英国其乐（Clarks）牌鞋广告中的雅皮士形象，会联想到英国绅士的精致外表、优雅举止和他们的冷幽默，那么消费者在体验品牌后将自身也建构成雅皮士形象的同时，还会加深自我对英国相关文化的认同感。

基于产品体验与品牌符号价值的认知，品牌所构建出的国家形象比媒体和文化形式构建出的国家形象更为具体和有效。

2. 品牌是介于政府与民间的桥梁

建构国家形象的主体是一国的政府、企业与国民。对于政府来说，通常会通过国家的体制、制度、外交，以及政治和军事实力来建立国家形象，比较正式和宏观，即使是进行大众化的广告投放，也不免会被认为具有政治色彩。如2010年中国在美国纽约时代广场投放的国家形象宣传片，就被美国媒体认为是具有政治立场。

企业在海外的经营行为中，会在他国建立分支机构。由于企业的目的是营利，在海外势必会建立自身的营销网络和对产品进行有的放矢的宣传，这就需要企业与当地的政府、媒体与国民直接发生联系。品牌在营销传播和建立销售渠道的过程中，直接面对一国的普通民众，并且必须从消费者的实际需求出发，通过他们熟悉的媒体、终端渠道等去传递品牌相关信息。由于品牌的出发点是消费者的需求，因此民众不会像接触国家宣传一般带有防备心理，而是自然而然地从实际需求角度了解和接受品牌。如韩国的三星在进入美国市场时，有效展示了自己能够带给美国消费者的一系列利益，使用有吸引力的产品参与全球市场的竞争，而其在各国的传播中则不断地配合韩国的文化和国家形象的整体策略，实现了对于消费者潜移默化的影响。[①] 企业在国家形象传播的三种主体中，具有上承国家产业与制度，下启消费者态度与情感的联结作用，间接地反映了一国的政府和国民的形象，因此在塑造国家形象中，品牌是连接政府与民间的桥梁。

3. 品牌带来的认同感与差异化并存

全球化的今天，跨国品牌将全世界民众的消费、生活方式逐

---

① 〔美〕韩德尔·琼斯. 中国的全球化革命 [M]. 北京：机械工业出版社，2014：6.

渐同化。中东的穆斯林青年与美国的街头少年饮用的是同样味道的可口可乐，印度的时髦女孩会脱下传统的莎丽穿上与欧洲年轻人同款、同质地的H&M牌T恤。消费者对于品牌的选择，是一种对于生活方式和自我形象的建构。而选择同样的品牌，让具有同样生活方式、价值观念和兴趣爱好的消费者被重新聚集在一起，构建出新的群体类别。选择哈雷机车的消费者追求美式自由与休闲，而选择奥古斯塔摩托车的消费者则更重视意大利的工业设计质感。他们通过对品牌的选择将自己进行差异化。因此，品牌成为新时代中人与世界的一种新的联结——人们通过个性化和差异化的消费行为重新建构着对世界的认知。

国家的特性能够在一定层面上帮助品牌形成特定的风格并与竞争对手形成差异化。因此，在品牌传播的过程中，自身就成为国家形象的一种载体。德国的奔驰、宝马汽车代表的是严谨与工业制造的先进性；法国的香奈儿、爱马仕等品牌所代表法国浪漫与皇家贵族传统等。品牌一方面在全球化的市场中进行分工和世界范围内的传播与推广，另一方面又在全球竞争中携带着国家的基因与风格。因此，品牌一方面让更多人选择同一品牌成为同类，一方面又帮助他们实现差异化，并且将不同的国家形象种植于消费者心中。在一项由中国研究人员执行的中国年轻人对法国的印象形成调研中，对于法国国家形象的直接传播渠道来自亲自去过及与法国人接触，而间接渠道中，"文化产品"是最主要的渠道，其次就是以日用品和奢侈品在内的物质产品，他们对于消费者建构法国国家形象的作用力甚至强于大众媒介和人际渠道（见图2）。

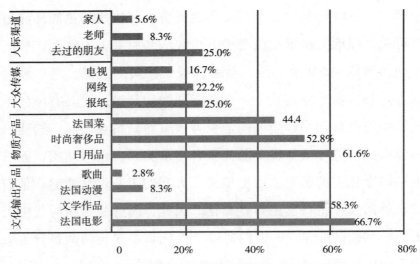

图2 法国国家形象间接传播渠道分布（N=300）

数据来源：2010年上海交通大学《上海大学生对法国的刻板印象调查报告》。

（三）研究方法

总体上来说，本研究是根据经典扎根理论的研究方法展开的。即确定最初的研究兴趣，将研究者逐步带入研究情境，通过对消费者的分析与了解，将消费者的数据进行整理和提炼，不断发现范畴、构建理论。同时，在本研究的分析过程中，也需要进行大量的文献资料来进一步印证所提出的观点，同时借助消费者调查的数据进行进一步佐证。

1. 经典扎根理论

经典扎根理论是本书选择的主要研究方法，是本书发现问题、分析问题、解决问题并构建理论的基础。经典扎根理论是人文科学定性研究中科学化、规范化的有效的研究方法论，具有非常规范的操作流程。其中，深度访谈是扎根理论收集数据的重要来源，也是定性研究的主要研究方法。在访谈过程中笔者虽然事先准备了访谈提纲，始终以倾听者的身份出现，倾听和发现被访者关注的问题，但在交代了研究的主要对象后，依然避免任何先入为主的提示与引导，尽可能获得最原始的消费者内心的真实想法。

经典扎根理论要求研究者对大量的文本资料进行分析和整理，提倡用笔、纸进行笔记和整理，但是工作效率极低。为了保证研究进度，提高研究效率，笔者在研究中采用了 Nvivo 软件进行逐行编码，思维导图软件 Mindjet Mind manager Pro 7.0进行比较和概念化提取，极大地提高了研究效率。

关于该方法的具体操作规则与使用规范，以及本书对该方法的运用，详见本书第三章内容。

2. 文献整理与分析

经典扎根理论方法的运用过程，需要文献的滞后。本书为了确定论文的研究对象，在研究开始前已经进行了大量的文献研究，找到研究空白。而在对深访结果进行文本分析前，则尽量避免之前文献资料中观点对研究的干扰，对数据进行分析和提炼滞后，再次使用大量二手资料进行了分析论证，作为本本论点中的佐证来帮助梳理概念之间的逻辑关系，最终完善整个理论体系。

3. 定性与定量结合

本书通过对北京地区大学生的品牌认知即国家形象联想进行定量调查，统计出调查结果，根据调查结果发现问题，随后根据定量调查中的数据展开定性访谈。在一般性的消费者研究中，通常以定性研究作为研究思路和研究假设的确定，再以定量研究验证研究假设。而本书则是基于消费者的定量调查结果发现和确定研究问题，再根据研究问题不断深入，进行消费者访谈和定性分析，找出问题背后的成因及要素之间的相互关系。

（四）研究思路

本书的研究思路如下：

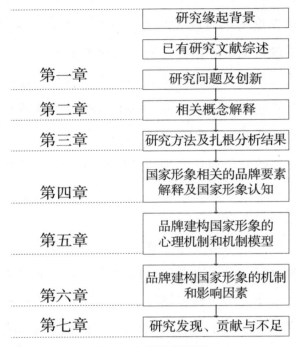

	研究缘起背景
	已有研究文献综述
第一章	研究问题及创新
第二章	相关概念解释
第三章	研究方法及扎根分析结果
第四章	国家形象相关的品牌要素解释及国家形象认知
第五章	品牌建构国家形象的心理机制和机制模型
第六章	品牌建构国家形象的机制和影响因素
第七章	研究发现、贡献与不足

图 3　本书研究思路

第一章：阐述研究背景，根据国内外已有研究的综述切入本研究内容。

第二章：根据已有研究的文献资料，对本研究涉及的概念进行探讨和规范化处理，以确立本研究中概念的边界和所指意义，避免在研究中出现概念不清、混淆等问题，为整个研究的进行奠定理论基础。

第三章：解释本书的研究方法——以扎根理论为研究方法，说明研究方法的合理性、研究对象及研究步骤。对深度访谈后的内容进行编码和概念化呈现。

第四章：整理出能够建构消费者心目中国家形象认知的品牌要素，并解释各个要素对于国家形象建构的意义。

第五章：解读品牌与国家形象之间的关系和内在逻辑，梳理出品牌建构国家形象的作用机制。

第六章：根据第四和第五章内容完成品牌建构国家形象的理论模型，并分析影响品牌建构国家形象认知的影响因素。

第七章：对本研究进行总结和归纳，梳理出本研究的主要贡献和不足之处，以及未来的研究方向。

第二章　基本研究概念

在本章中，将对国家形象、国家形象的相关概念及建构方式，品牌的概念及品牌对消费者的意义等几方面的研究成果进行较为深入的整理和回顾，试图理清相关概念，明晰相应理论的框架和结构，以便为以后章节研究模型的构建充实内涵和奠定基础。

一、 国家形象的概念辨析

（一）国家形象定义

"形象"一词在字典中的释义为"形状和相貌"，偏重于对外表的阐释。英文的"Image"所对应的是"人或物体形状的复制或模仿"。"国家形象"一词最早由美国经济学家尼思·博丁（Kenneth E, Boulding，1959）提出，他认为，国家形象的认知有两个组成部分，一部分是一国对自己国家的认知，另一部分是国际社会中的其他国家或者行为主体对于一国的认知，两部分的结合就是国家形象。此后外国学者开始对国家形象进行研究，最常用的概念为美国学者马丁提出的，他认为，国家形象是关于一个国家的客观存在的描述、主观意识的推断，以及信息和认知主体产生的信念的综合，因此国家形象的建构是多维度的。营销学大师菲利普·科特勒（1993）认为，国家形象是一种来自个体对国家的综合印象，这种印象包括个人对国家的亲身经历、领悟、观点、回忆等，不仅具有主观认知部分，还包括个人对这一国家的情感、判断与审美。多年来，国外学者并没有对国家形象提出统一的概念，但都会兼顾两方面内容，即国家本身的客观存在与社会大众作为认知主体的主观认知。国内学者也延续了国外学者的研究，对于国家形象的定义大部分兼顾了客观存在主观认知两部分。

经过对文献资料的整理，本书对于国家形象的定义为：国家形象是国际社会公众对一个国家的总体评价，是社会公众对一国总体的印象、看法、态度、评价等的综合反映，包括国际公众的认知和情感的总和。国家形象的概念构成中，包括客观存在和认知主体两个重要部分。

首先，客观存在，即国家形象的本体内容。第一，国家基础的实力层面，包括国家的地理条件、自然环境和自然资源、历史和人文遗产、人口构成等基本保持常量的物质基石；在物质基石上发展出的国家综合实力部分，包括国家的政治力量、军事力量、科技实力、经济实力、安全与稳定、国家的产业实力、科技成果等可以被测量的部分。第二，国家的精神文化力量，包括国民素质、教育水平、领袖风范、国民士气、文化、体育、社会秩序、风俗习惯、产品文化等软性实力，也有在此基础上的国民意识形态和核心价值观。国家形象中具有较长时期不变的物质基石部分，也有在国家现实基础上被认知主体所意识到的精神与价值观部分。国家形象的客观构成在哪方面的信息对外传播得较为充分，认知主体就会更多地从那个侧面去考量和评价。另外，由于客观基石的存在，国家形象不可能长期被认知主体随时塑造和进行经常性的变化，国家形象的客观现实部分，会限制和制约国家形象的塑造与传播（李智，2011）。

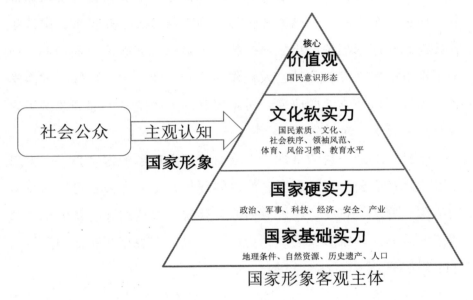

图4 国家形象的主要构成

其次，认知主体，即国际社会公众。由于国家形象存在的合理性在于探讨一国在国际社会的表现，是国家与国家在国际舞台上的行为，因此认知主体为国际社会公众。大众媒体、国际舆论也是国家形象的认知主体之一，媒体对于国家形象的形成具有重要的作用，本身既是认知主体，又是大众认识国家形象的认知渠道。正是由于国家形象具有客观存在和主观认知，兼具主观与客观两方面，所以国际社会的认知主体对于国家客观事实的评价和认识作为一种观念的反映和主观判断会难以控制，认知结果千差万别。在主观认知的形成过程中，认知主体会根据自身的认知系统，对国家形象的不同构成侧面进行解读。认知主体来自不同国家、地区、种族和背景的民众，不仅是每个国家的民众对于一国的认知有差异，每个个体，都会因为个人的经历、背景、知识水平、信息获取、刻板印象以及价值观念而对同一个国家形成不同的国家形象认知。如经济学家会从一国的经济发展去评价国家形象，而人类学家则会从一国的民族风俗习惯去理解国家形象。

（二）国家形象的客观构成要素

构成国家形象认知的根源是国家与国家之间相互区别的特性，[①] 其中，国土面积和国家实力，以及经济发展水平和政治倾向是影响国家传播的核心因素。[②] 国土面积越大、经济发展水平越高的国家，其政治主张以及对自身主导作用的要求越高，国家对自身政治性和外交性的角色以及普遍性价值观念越关注。[③] 因此，经济发展较快或国土资源面积较大的国家，如美国、英国、德国、俄罗斯等国，本身就会受到媒体和国际舆论的关注，大众不乏认识和了解他们的渠道。然而，对于一些国土面积和经济发展不显著、政治倾向也并不明显的国家，媒体缺少关注他们的动力，大众对于其特性的认知自然

---

① K. J Holsti National Role Conceptions in the Study of Foreign Policyl AI .in S Walk-er（ed）.Role Theory and Foreign Policy A-nalysis [C] .Durham：Duke University Press，1987.

② David W Moore National Attributes and Nation Typologies：A Look at the Rosenau Genotypes}AI .in James N. Rosenau（ed）.Comparing Foreign Policy[C] .New York：John Wiley and Sons，1974.

③ N. B Wish National Attributes as Sources of National Role Conceptions：A Capability-Moovation Modell AI .in S. Walker（ed）.Role Theory and Foreign Policy Analysis [C].Durham：Duke University Press，1987.

比较模糊，因此需要其他国家形象的建构渠道来使其获得差异化。

客观构成是国家形象形成的基础部分，这个基础能够决定认知主体的认知和态度。根据当前学者对于已有的国家形象构成要素的分析，主要内容整理为表1：

表 1 关于国家形象构成要素的文献梳理

主要构成	国家形象具体构成要素	代表人物
政治、经济、社会、文化、地理	政治：政府信誉、外交能力与军事准备 经济：金融实力、财政实力、产品特色与质量、国民收入 社会：社会凝聚力、安全与稳定、国民士气、民族性格 文化：科技实力、教育水平、文化遗产、风俗习惯、价值观念 地理：包括地理环境、自然资源、人口数	孙有中（2002）
国家形象八要素	社会制度、民族文化、综合国力、政治局势、国际关系、领袖风范、公民素质、社会文明	刘晓燕（2002）
硬实力和软实力	硬实力：国家的综合实力既包括由经济、科技、军事实力等 软实力：以文化和意识形态吸引力体现出来文化（culture）吸引力、意识形态（ideology）、政治价值观念（political values）的吸引力、塑造国际规则和决定政治议题的能力以及"信息权力"（informational power）等	约瑟夫·奈（2000）
物质要素、制度要素、精神要素	物质要素：支撑国家生存和发展的自然物质基础和各种物质要素的总和。其中既包括疆域、人口、自然资源，也包括在此基础上形成的国家的经济、科技、军事实力、体育等综合国力要素 制度要素：社会关系在政治、经济、文化等各个领域以规范的形式形成各种不同的制度 精神要素：一个国家民族精神和民族性格的象征和表现	张昆（2007）

续表

主要构成	国家形象具体构成要素	代表人物
性状特征、行为表现、精神要素	形状特征：国家的物质要素，支撑国家生存和发展的自然物质基础和各种物质要素的总和包括疆域、人口、自然资源，也包括在此基础上形成的国家的经济、军事实力、科技、文化等综合国力 行为表现：国家政府的战略定位和相关对内对外政策的实施，社会组织和国民表现以及国家企业的产品与服务 精神要素：民族的文化心理和社会意识，是国家形象在国内民众的文化心态及观念形态上的对象化	杨冬云（2009）
"硬形象"和"软形象"	"硬形象"：可以量化的物质性因素，包括经济实力、军事实力、科技实力、文化教育实力、地理自然资源、人口资源等和具有明确制约性的、固化型的制度因素如政治制度、行政制度、教育制度、科技文化体制等构成的国家形象体系 "软形象"：不能量化和难以明确固化的形象因素，包括价值观念、意识形态、民族精神、文学艺术、文化礼仪和政府形象等构成的国家形象体系	李晓灵（2015）

国家形象的构成包括物质层面、行为层面、制度层面、精神层面等，而这些又可以归结为能够被测量和改变、展现国家实力的硬实力层面与难以被测量和改变、展现国家影响力的软实力层面。

（三）相关概念辨析

本研究将涉及与国家形象相关的众多概念，为避免混淆，将学者们经常提到的国家产品形象、国家形象和国家品牌的概念以及三者间的关系进行辨析。

1. 国家产品形象

通过一国的产品所表现出的国家形象被称之为国家产品形象。荷兰学者彼得（Peter V. Ham）认为，在当前全球化进行不断加速的今天，国家与国家之间的政治疆界正在变得模糊，不同的国家之间逐渐不以政治来划分界限，而正在以不同的品牌进行新的划分，"品牌国家"概念应运而生，[①] 也就是说，一个国家的特色与其创造的世界知名品牌相关。在某些情况下，大众会将对一国的知名品牌的看法与对国家的看法相提并论。例如，谈到美国就会想到可口可乐，可口可乐代表的自由、快乐的精神与美国国家形象高度一致；谈到瑞典就会以宜家这个品种来概括这个国家的北欧情调；而谈到德国则必然不会少了奔驰、宝马、大众等汽车品牌。可以说，知名品牌是大众了解某个国家的渠道之一，品牌与国家之间具有相关性。

国家产品形象的概念来自产品来源国形象。产品来源国形象，既指向产品自身的形象又将产品形象折射到其所在的国家耐特（Knight、Calantane，2000）认为，"来源国形象反映了消费者对特定国家生产产品质量的和该国民众禀性的感知"。比而基（Bilkey and Nes，1982）和韩（Han，1990）等研究者均提出过，一个国家的形象需要更具体的内容与产品感知相关。他们所谓的国家形象其实是国家在其知名产业方面所形成的形象，是消费者对于一个国家所制造产品质量、性能、设计等方面的总体感知。如以奔驰、宝马为代表的高品质汽车业属于德国，那么来自德国的其他汽车品牌质量可能也会有保障；智利盛产葡萄酒，那么只要是来自智利的葡萄酒可能就值得信赖。通常一个国家中如果具有优势产业，产业影响力达到世界规模，那么这种产业优势就能够成为国家的某种影响力。正如迈克尔·波特所言，优势产业会为国家注入竞争优势，无

[①]　Peter van Ham. Branding territory: Inside the wonderful worlds of PR and IR theory[J]. Millennium , 2002，31（2）：249-269.

论在对外贸易还是在技术实力等方面，国家硬实力的建设主要依靠经济、军事、政治等方面，国家优势产业的发展对于构建国家整体实力具有重要作用。然而在产品之外，国家形象还关乎声誉与影响力，精神理念与价值体系，制度层面与体制层面，而这些方面的形象并不能仅仅依靠产品。因此有学者认为，国家的整体形象是一种宏观的形象，而产品和品牌形象则是一种微观的形象（乌拉 Ulla H，2013），而宏观的国家形象，正是由各种的微观形象所构成的。

2. 国家品牌

西方学界研究国家品牌，主要集中于来源国效应和国家形象差异化识别两方面。品牌是消费者对于产品和品牌的综合认知，而国家品牌则是外部世界对于国家的综合认知。当经济全球化造成了一种矛盾的结果时——全球市场日趋同化的同时，各国的国家识别增强，使得国家之间的边界减少，国家品牌化也就是将国家以品牌管理技术进行营销，则成为全球竞争时代中有效的技术方式（丹尼 Dinnie K，2008）。

强大的国家品牌能够吸引国外的直接投资，吸引移民和运用政治影响力。全球化和媒体的革新让每个国家都更注重自我的形象、声誉和态度，也就是其品牌。[①] 国家品牌涉及国家使用名称、logo和其他品牌元素以在目标的国际市场中创立一个与其他国家具有区分度的战略。通常国家品牌需要达到三个目标：第一个是促进本国的旅游；第二是提升国家出口形象，如吸引旅游者、外国投资甚至人才引进；第三个是为国家建立具有国际声誉的形象，这个形象能够让国家在国际市场上成为有信誉的制造商和品质产品的提供者。

---

① Van Ham. "The rise of the brand state：the postmodern politics of image and reputation[J]. Foreign Affairs，2001, 80（5）：2-6.

西蒙·安浩（Simon Anholt）从1996年开始提出国家品牌建构（National Branding）问题,[①] 他认为，国家形象的建设首先需要有真正的实力，他使用六维度模型来帮助国家建立竞争优势，包括一国的旅游产业、国家政策、国民素质、文化、投资和品牌。而当国家品牌建立完善，则可以明确国家的身份和社会共识，更有效地推广旅游和商业，形成更好的来源国效应等。

基斯·丹尼（Keith Dinnie，2008）进一步把"国家品牌"界定为"唯一的能够为国家提供目标消费者所需求的、深深植根于文化中差异与相关性的多维度元素集合"，它是"能使一个国家做出一种唯一的且被欢迎的体验承诺的价值组合"。[②] 也就是说，国家品牌诉诸国家独特而具有魅力的核心价值，它体现在国家所拥有的产品、服务、人物（如明星）、地点（如旅游城市）和非营利性组织（如国际公认的慈善组织）等资源中，从而成为精准而有力地吸引目标消费者或受众的竞争手段。无疑，将国家进行品牌化发展，能够强化国家形象的同时弱化对一国片面的和错误的认识，改变其在国际受众心目中的刻板印象，将负面的、消极的形象逐渐塑造为积极、正面和有利的形象。国外学者们几乎一致地认为，国家形象就是国家品牌，而国家品牌化的目的就是吸引旅游、吸引企业投资、增加来源国效应和吸引技术移民等。

3. 国家品牌化的概念局限及国家形象与国家品牌之间的关系

将国家作为企业品牌一样进行打造，是目前国外学者对于国家形象的主要看法，并且在当前国外学术界有三种阵营。绝对论者认

---

① 　西蒙·安浩．竞争优势识别系统 [M]．上海：上海交通大学出版社，2010．

② 　Dinnie, K. Nation Branding – Concepts, Issues, Practice[M].Oxford: Butterworth-Heinemann，.2008

为，国家就是一个更大的企业，生产更多品种的产品，国家本身就是品牌；保守主义认为，企业与国家的最大区别就是，企业生产产品是可以通过人为控制的，而国家的发展包含更多复杂的因素，能够通过人为干预而取得期望的效果的可能性较少，企业发展的领导者是企业主或 CEO，而国家发展的领导者既不完全是政府，也不完全是国民，很难有明确的主体；另有折中者认为，当国家需要面对公众时，就需要用品牌的方式，在某些方面的确可以以品牌的方式去塑造国家整体。而国家之所以可以像企业一样去做品牌，原因之一就是来源国效应（Gudjonsson H，2005）。产品的来源国效应能够帮助消费者建构国家形象，然而国家形象远不止这一个建构渠道，所以通过产品所建构的国家形象未必是完整的国家形象。从理论基础上来讲，来源国效应的研究学术基础是营销学，而国家形象的学术基础则为地理、国际关系、政治科学、文化人类学、社会学、哲学、国际法等学科。

最开始研究国家品牌化的学者菲利普·科特勒正是站在品牌营销的角度，才展开了对于国家品牌的研究。因此，国家与品牌之间，最重要的关联是来源国效应。然而，来源国效应远没有那么强大的效果，尤其是当一国的政治、文化因素与商业因素不同步时，效果可能会被削弱，更不用提消费者的不同经历、背景与刻板印象等因素，这些都影响着来源国效应。可以说，国家品牌的建设是基于实用主义的考虑。而国家如公司一样，生产各种类型的产品，需要注意国家的整体形象和不同产品的形象（帕普等人Pappu&Quester，2010）。

国家品牌化的效果有很多可以量化的部分，如吸引游客、促进投资和增进出口，而国家形象具有很多不可量化的部分，如国家声誉、国家的文化、政治、地理因素等。[①]虽然国家品牌化也能够促进政局的稳定，加强国际信誉，增强投资信心，增加国际政治影响力等[②]，但却只能是国家形象提升的一种手段。另外，通过产品认知而获得的国家产品形象只是国家形象中的一部分。因此，国家形象、国家品牌以及国家产品形象之间的关系如图5：

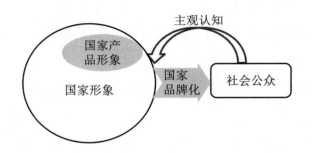

图5　国家形象、国家品牌、国家产品形象间关系示意

　　西方学界研究的"国家品牌"是经济全球化背景所带来的不同国家在经济实力竞争方面的应对策略。国家品牌的概念提出更具应用价值，主要是国家形象自我建设和打造的过程，一个国家的国家形象可能有很多方面的品牌形象构造而成，如国家的旅游品牌、企业品牌、政府品牌等。国家品牌是为了建构国家形象，从更实用的角度去构成和改变国家形象。[③]

　　如果说国家品牌化是一种以实现实际目标的短期策略，那么国家形象建设则是一种更高层面的国家长期战略。国家品牌化所带来的各种实际利益能够提升国家形象的总体建设，然而国家形象中关

① Gudjonsson，H.Nation branding[J]. Place Branding，2005（13）：283-98.

② Dinnie，K. Nation Branding - Concepts，Issues，Practice[M].Oxford: Butterworth-Heinemann，2008.

③ Fan，Y. Branding the nation：towards a better understanding[J]. Place Branding and Public Diplomacy，2010，6（2）：97-103.

于声誉、影响力等方面的建构还需要长期的积累。因此，国家品牌是手段，是为了达到国家形象整体性提升的一种方式。

国家产品形象则是国家形象的一部分，是消费者视角下，由产品的认知与使用折射出的国家形象，主要表现在产品自身的质量、做工以及国家优势产业方面的形象，涉及比较微观的层面。而本文研究的国家形象是国际公众对国家形象认知所形成的综合印象，这种印象来自品牌，却不仅限于品牌所带来的形象。

（四）国家形象的建构方式

形象作为意识范畴，在任何时候都需要以客观存在为基础[①]，没有客观存在，认知主体的感知、认识和评价都无从产生。国家形象是主体对客体的认知，主体对客体的反映，客体对主体产生影响，是二者之间的关系。因此，国家形象的客观构成仅完成国家形象的客观部分，还需要认知主体通过各种等感官和体验，获取的关于对象世界的信息，最终形成对于国家的总体印象与评价。认知主体对于外界认识形成认识的两种渠道：个人的经历和社会学习。[②] 具体来讲，除了亲身经历之外，对国家形象的主要感知渠道包括来自媒体的信息传播，各种文化形式的信息传递，个人经历的公共事件以及对企业和产品的体验。

1.媒体

李普曼认为，对于大部分受众或认知主体来说，他们很难获得建构国家形象的一手信息，难以直接接触这个国家。因此，大部分情况下，认知主体是通过大众传媒或其他信息渠道去了解国家形象

---

① 中共中央马克思恩格斯列宁斯大林著作编译局.马克思恩格斯选集：第1卷[M].北京：人民出版社，1995：72.

② 沙莲香.社会心理学[M].北京：中国人民大学出版社，2009.

的，其中以报纸、电视等传统媒体形式为主。大众传播能够跨越地区限制，为广大受众提供多样的信息素材，在互联网技术高度发展的今天，则能够以多媒体、多渠道的方式，为受众提供国家形象的信息渠道来源（史密斯Smith，1973）。由于大众媒体的传统地位，其传播范围广、受众数量多、传播速度快，一度成为国家形象塑造、提升的重要途径。国内外众多学者围绕媒体这一国家形象的传播与塑造渠道来展开研究。

凯瑟琳（Catherine A. Luther，2001）认为，媒体会受到国家意志的影响，传递的国家形象与政府外交的信息相关，并且其传播内容与行为会受到国家意志的影响。[①] 基于媒体的议程设置能力和国家形象在认知对象中的主观认知层面，"对外传播（国际传播）肩负着使软实力资源得到充分的开发和整合，在国际上使软实力得到充分发挥和有效运用的重大使命"[②]。"国家媒体形象可以概括为由国际性媒体通过新闻报道和言论来塑造的媒体国家形象。"[③] "国家只有通过国际传播才能争取国外公众的理解、支持与共鸣，从而在国际社会树立预期的国家形象，"[④] 媒体被作为是国际形象建构的最主要渠道。

在国际传播中，大众传媒通过对一国的报道，逐渐积累和建构出一种存在于媒体中的国家形象，由于媒体具有议程设置和引导舆论的功能，媒体所建构出的国家形象会不断地影响着受众对于国家形象的认知，加之受众在信息获取时会依赖本国媒体，因此，

---

① 罗纪宁，赵宇飞. 国家形象与国家文化营销 [J]. 管理学家：学术版，2011（4）：41-51.

② 沈苏儒. 开展"软实力"与对外传播的研劫 [J]. 对外大传播，2006（7）.

③ 郭可. 当代对外传播 [M]. 上海：复旦大学出版社，2003：112.

④ 潘一未. "国家形象"的内涵、功能之辨与中国定位探讨 [J]. 杭州师范大学学报（社会科学版），2011（1）.

当媒体的国家形象建构产生歪曲和偏差时，便会使得社会大众产生对于国家形象的误读。学者们也注意到媒体传播国家形象信息的同时也对目标受众形成特定国家形象的方式施加影响，因为"大众传媒传播了一部分有关外国的信息"，不少学者基于"议程设置"理论分析大众传媒影响公众国家形象感知，发现在国家利益、价值观、意识形态等因素的影响下，媒体很难建构出客观、中立的国家形象。

2. 文化形式

约瑟夫·奈认为，文化是为社会创造意义的一整套价值观和实践的总和。文化有多种表现形式，有迎合精英品味的高雅文化，如文学、艺术、教育等，也有迎合大众审美和娱乐的流行文化。① 当一国的文化价值观念能够被世人认可，那么该国的国家形象也更容易获得认同。

20世纪90年代，西方一些学者开始关注影视作品对地区形象的影响，莱利和苑（Riley、Van Doren，1992）最早明确提出以电影构建旅游目的地新形象。此后，人们对这一领域的研究日益深入和广泛。例如，21世纪以来，韩国电视剧传入中国等其他亚洲国家，这些地区的民众都重新构建了韩国国家形象，认为韩国是一个先进的、现代化的、国际化的国家，这得益于韩国流行文化中所描绘的国家形象。

美国的软实力远远超过经济和军事规模，靠软实力统治着世界。在美国流行文化的作用下，美国在国际大众眼里不仅富有、强大、高科技，还具有引领潮流、充满创新色彩和处于现代文化的前

---

① 约瑟夫·奈.软实力：权力，从硬实力到软实力 [M].北京：中信出版社，2013.

沿。^①如果说过去的美国和苏联依靠强大的军事实力或经济力量影响世界，那么今天依靠的更多是来自美国的好莱坞电影、电视剧、流行音乐等大众文化形式。在全球大众接触这些不同的文化形式的同时，美国的国家形象被零碎地传播进大众头脑，逐渐形成大众对美国的国家形象认知。

3. 企业和产品

也曾有学者提出过企业和产品对于国家形象的建构作用，韩（Han，1989）在提出来源国效应时，也提出了累积效应（Summary Construct），用来解释产品形象对国家形象的反向作用[②]。当消费者购买使用来自某一特定国家的产品，并对产品本身产生了良好的体验和感知，便会将这种良好的产品印象作为对该国评价和判断的线索，与其原产国建立某种联结。李等人（Li et al.，1997）提出，国家形象和产品形象之间具有同时存在的双向因果关系，消费者对特定国家的产品的感知累加是形成其国家形象的一个方式。杰非等人（Jaffe、Nebenzahl，2001）对韩（Han，1989）早期研究的结论进行了概念发展，他们提出一个动态模型，认为晕轮效应和累积效应可以同时发挥作用而且消费者的国家形象会随着该国产品消费的经验发生改变。道林（Bowling，1994，2001）提出"形象网"的概念，认为公司形象不仅受国家形象影响，而且往往会影响国家形象。西蒙·安浩（2000）发现公司是影响国家形象的重要因素，作者强调诸如现代、大宇、三星和 LG 等公司在韩国形象提升中所扮演的关键角色。

程曼丽认为，政府、企业和国民是国家形象的塑造者。政府是

---

① 约瑟夫·奈. 软实力：权力，从硬实力到软实力 [M]. 北京：中信出版社，2013.

② Han, C.M. Country Image: Halo or Summary Construct? [J]. Journal of Marketing Research, 1989（26）: 222-229.

国家形象的重要主体，在国际形象塑造方面发挥着主导性作用，一部分代表国家所从事政治、经济、军事、外交活动，另一部分是政府代表国家通过媒体直接发布信息，包括国家法律法规、方针政策制定、国际关系处理表态，引导社会公众舆论等。而企业通过产品及服务塑造国家形象，尤其是出口产品企业。程曼丽（2007）认为，人们对一个企业产品的印象与对这个国家的印象紧密联系在一起，许多国家的企业努力提高产品的含金量与附加值，通过树立产品形象以提升国家形象。范红在《国家形象的多位塑造与传播策略》（2013）中认为，国家形象能够通过国家形象标识（logo、口号等）、国情介绍、政府形象、企业形象、城市形象、历史形象、文化形象和国民素质等多个维度构成。

4. 公共活动及大事件

公共活动重大事件能够在短期内吸引国际社会的高度关注，通常是一些重大政治、经济、文化、体育活动和自然事件等（Law，1993）。重大事件在吸引大量游客和吸引国际媒体报道两方面具有短期的聚集效应，从而使其成为短时间内向世界范围内的目标公众传递形象信息有效方式，是提升、改变国家形象的良机。重大活动举办地的政治、经济、社会文化、物质和环境会因为举办或者发生重大事件而产生影响，如奥运会等国际赛事中所激发的民族自豪感，在奥运期间，国际大众对于赛事举办地的人文、环境所形成积极的评价，都会对一国的形象和声誉所产生长期的影响（约翰·艾伦 John Allen，2002；益茨 Getz，1997）。2008年北京奥运会、2010年上海世博会、2012年广州亚运会、2008年汶川地震等重大事件等在国际上都具有重大影响力，都是向世界展示国家形象的机会，这些机会也为我国学者的国家形象研究提供了重要的研究案例。

二、品牌相关概念

（一）品牌的诞生和定义

1. 品牌的定义

品牌的诞生来自远距离贸易的需求。最初，人们只在本地交换商品，因而一般会与当地生产者建立个人联系，生产者的商业声誉众所周知，并且只要保持既有的商业关系就能持续进行商业贸易。后来，当人们开始跋山涉水去更远的地方做生意时，这种个人担保和信誉便不复存在。于是，各种形式的"标记"被用于商品上，帮助买家确认所售商品的质量和数量。可以说，品牌天生就是为了去满足更远处的人们的需求而诞生的。品牌的概念虽然在20世纪才被真正认同，然而实际上品牌与商标的产生时间比商业贸易都要久远。①

关于品牌的具体定义，以往的研究者侧重点各有不同：有从强调品牌的辨识性和差异化入手；有强调品牌的附加价值也就是品牌不同于产品的角度入手，有从强调品牌的个性，也有强调消费者的重要地位等等。本文对品牌的定义，借助大卫·艾克：品牌是一种将功能的、情感的、关系的和战略的元素全部集中展示给大众的一种多维的混合物。本研究认为，品牌不仅能够提供给消费者以个性化的有形价值和无形价值，还是连接企业与消费者之间的桥梁。

2. 品牌的核心特征——源于产品，高于产品

"产品是工厂所生产的东西，品牌是消费者要购买的东西。产

---

① 戴维·霍尔.大转折时代——生活与思维方式的大转折 [M].北京：中信出版社，2013.

品是可以被竞争者模仿的，品牌却是独一无二的。产品极易过时落后，但成功的品牌却能长久不衰。"①这一阐述清晰划分了产品和品牌的区别，也是本研究选择品牌而非产品作为研究对象的首要原因。

首先，随着企业生产技术和营销技术的不断加强，信息逐渐透明，同种类型的产品在满足消费者基本功能需求的产品性能方面越来越接近，产品和产业换代速度加快，技术的先进性带来的产品领先性所维持的时间越来越短暂，竞争产品之间的技术与性能差异变得越来越小，消费者很难通过产品性能方面对不同品牌进行区分。其次，随着生产技术的提高，同类产品中一家独大的情况越来越少，竞争产品竞相投入市场，在功能、质量和技术上，同类产品的物质性差异越来越小。在今天物质条件极大丰富的环境下，消费者生理需求越来越容易满足，购买消费品的目的更多是为了满足心理需求和精神需求，因此，产品在附加价值上的竞争更为重要。再次，随着人类文明的发展，人类的审美意识在不断提高，企业在满足消费需求时，更需要考虑消费者的审美价值。当下的消费者，除了需要商品满足其使用需求和消费欲望，还需要被关心、被理解，形成情感上的共鸣，甚至要品牌为其提供的个性化的身份建构。商品在市场竞争中的核心优势和取胜关键，已经不再是商品中"物"的属性，而在于其附加价值，包括个性、情感、风格等。而对消费者来说，一个名称或一种标志仅仅能够帮助他们区分品牌，品牌的独特的功能价值和象征意义才对消费者具有实际影响作用。所以，除了能够满足消费者的实际的功能需求外，品牌带给消费者的象征价值和情感价值，带给消费者的社会身份认同和差异化的区分，情

---

① Steven Haines. Managing Product Management: Empowering Your Organization to Produce Competitive Products and Brands[M]. McGraw-Hill, 2011（9）.

感和心理上的满足，才是品牌独特的价值。

市场的变化和消费者的进化共同迫使企业将竞争重点从实体的产品层面转向品牌层面，更重视品牌的附加价值，以建立其独特的品牌形象。

（二）品牌的构成要素

品牌是企业与消费者之间沟通的桥梁。品牌的不同构成要素，能够为消费者提供不同的价值。关于品牌的构成要素及学者的相关研究见表2。

表 2　品牌构成的要素已有文献整理

	概念定义	提出者
品牌分别满足消费者的功能需要，象征需要和体验需要	功能需要（Functional needs）指的是寻求解决消费相关产品（比如，解决当前问题、避免潜在问题、解决冲突和调整沮丧的心情等）的动机；象征需要（Symbolic needs）指消费者内生的需要，包括自我提升、角色定位、群体成员身份和自我识别；体验需要（Experiential needs）指的是消费者对于感官欢乐、变化或认知刺激的需要	Park，Jaworski 和 MacInnis（1986）
品牌六棱柱要素模型	品性、个性、关系、文化、反映性和自我形象来解释品牌要素的构成。这六个品牌要素之间相互关联，形成对称的结构，其中品性、关系和消费者形象属于社会品性，代表品牌的特性；个性、文化和自我形象三个要素是品牌滋生的品质	Kapferer（1992）
企业形象、使用者形象和产品自身形象	品牌形象可以拆分为三个形象：企业形象、使用者形象以及产品自身形象。每类形象都包含消费者对品牌有形的或功能性属性认知的"硬性"要素和表达了品牌的情感利益的软性要素。"硬性"要素是品牌的基础，但是"硬性"要素容易被模仿，难以为品牌形成差异化，而反映消费者生活方式和个性特征的"软性"要素则是品牌差异化的重要因素	Biel(1992)

续表

	概念定义	提出者
品牌的产品性、组织性、人格性和符号性	第一，作为产品的品牌，是与产品或服务相关的实体价值，包括产品类别、产品属性、品质、价值、用途、使用者、生产国等要素；第二，作为组织的品牌，强调品牌与背后企业组织之间的关联，包括组织特性、本土化或全球化，企业组织在社会中的创新能力、对顾客的关心、知名度以及社会公益形象等方面；第三是其有人格的品牌，包括品牌个性、品牌与顾客之间的关系；第四是作为符号的品牌，包括视觉形象、象征意义和品牌传统等品牌要素	大卫·艾克（1996）
"品牌冰山"的概念	通常人们所看到的品牌标识和名称只是冰山15%的露在外面的小部分，而品牌所蕴含的文化和价值观却深藏在水面以下，冰山下面的部分才是品牌的核心	Davidson（1997）
"品牌信仰模型"	品牌的发展分成产品、概念化品牌、公司理念、品牌（景象）文化和品牌精神等五个层级，品牌依次上升，最高境界的品牌是品牌文化和品牌精神的汇聚。他认为，"当品牌的价值观变得越来越突出，并且与顾客之间的关系越来越紧密时，品牌的参与性增强，而这带来强盛的品牌和极高的生产者价值"	Jesper kunde（2000）
有形品牌要素理论	主要的品牌要素应包括品牌名称、URL、标识、图标、形象代表、广告语、广告曲、包装和标志符号。这个观点更注重品牌中顾客能直接感受到的显性要素	凯文·凯乐（2009）
品牌金字塔模型	从品牌内部将品牌本质由低到高层次概括为：特性、利益、感情回报、价值观、个性品质。品牌金字塔模型体现消费者对品牌内容中最重视的部分，站在品牌创建者的角度，比较强调品牌的内部结构	Leslie De ChernaLony（2001）
品牌是物质文化与精神文化的高度结合	用户不仅消费了品牌的物质部分，同时消费了该品牌的精神文化。因此，品牌的要素具有两个方面，一是来自品牌的自身产品性功能，二是来自品牌的附加服务，如个性和审美等。他还认为品牌文化是在产品或服务之使用价值以外，给予消费者的一种印象、感觉和附加值（比如身份感、归属感、满足感等）	年小山（2003）

	概念定义	提出者
品牌主要有四个维度	企业组织，企业是品牌发源的根基，包括社会责任、企业故事、企业理念等；二是产品和服务，是品牌文化的载体；三是品牌个性、理念和声誉，是品牌差异化的核心；四是品牌归属，意味着消费者与品牌拥有情感上的共鸣，是品牌的最终目标	张红霞（2009）

　　根据以上学者的研究分析，品牌的不同要素满足消费者的不同需求。简单来说，品牌的产品部分包含产品自身性能、质量、做工等要素，以满足消费者实际需求，具有使用价值，体现的是企业在技术、制造、设计等硬件方面的能力；同时，品牌以个性和理念塑造差异化的价值，以满足消费者精神需求中的身份感、归属感，体现消费者的价值观，满足他们的精神和情感价值，反应的是品牌在差异化和精神性方面的创造力。

　　品牌的不同要素能够为消费者提供不同的价值，正是能够为消费者提供多样化的价值，才能够使得品牌能够在消费者心目中形成多层次的作用帮他们建构国家形象认知。

（三）品牌对于消费者的价值

　　品牌最重要的价值是与消费者之间的关系，品牌能为消费者带来多层次的价值，正是在这些丰富的价值中，品牌的来源国信息便会伴随着品牌带给消费者的不同价值，帮助消费者形成他们对国家形象的认知。

　　1.形象与符号的辨识性

　　品牌体现为一种商标或符号，其首要意义就在于辨识。当市场经济发展到一定程度，市场中能够满足消费者需求的产品存在大量的同质化现象，产品之间的互相模仿和抄袭，让消费者难以进行区分。斯沃茨（Swartz，1983）认为，不同品牌间的功能差异越来越微小，讯息差异化的使用是产品策略的有效执行方式，有助于在消费者心智中形成差异化的品牌形象。品牌作为差异化的标识工具和具有辨识性的符号，代表的是品牌特征、品牌价值和品牌个性的符号，以区别竞争对手和同类品牌。品牌的符号与形象能够带给消费者以辨识性，而这种辨识性或多或少地会融入关于国家形象的信息、来源国信息，能够成为消费者辨识品牌的依据之一。

2. 信誉与质量的保障性

品牌最初诞生的原因，是为了跨越地区与国界进行远距离交易，在当地的市场达到饱和之后开发更广阔的市场空间，为了给自身品质背书而不得不带有的商标，形成对产品质量（信誉）一致的承诺与保证。琼斯（Jones，1986）认为，制造商一方面用品牌名称和 logo 为自己的产品提升辨识度，另一方面则是以统一的品牌为消费者提供能够保证产品质量和消费价值一致的产品，履行消费者与品牌和企业之间的契约关系。因此，品牌形成了对自身信誉与质量的保障，并带来品牌诞生地的信息。也就是说，品牌制造商的生产能力，商业信誉，随着品牌一同被传达给消费者。这样，消费者在购买或使用某种产品之前，就能接收到来自品牌提供的产品质量的保障。

3. 文化与个性的标榜性

品牌作为一种复杂的综合体，能够向消费者传达生产者的某些价值理念。能够对消费者的看法起到关键作用的，是来自潜藏在产品、公司、消费者等要素背后的文化、价值观、个性等深层次的内容，这些是品牌所特有的价值理念。加德纳和李维（Gardner、

Levy，1955）认为，消费者购买产品或品牌除了物理上外在的功能特性之外，品牌的心理意义和价值更为重要，品牌是消费者对自我个性的选择与传达。品牌个性所带来的象征意义与消费者的自我形象与其购买行为之间有着紧密的关系，研究者们以品牌个性（Herzog，1973；Blawatt，1995），品牌气质（Reynolds & Gutman，1984），个性形象（Azoulay，Audrey & Kapferer，2003）等去概括品牌的这些价值，他们认为，品牌形象最重要的决定因素在于品牌人格（Personal），因为品牌人格的联想会使品牌深入消费者的生活中，除了协助提供企业所需要的差异化之外，更有助于暗示出品牌与消费者之间的关系（William W，1993）。然而，品牌不是脱离环境孤立存在的，品牌的文化与个性，不仅来自品牌自身，更需要来自社会、环境、国家和历史赋予，不同的生长环境才能浸润出品牌不同的文化、风格与价值观。因此，品牌在标榜文化与价值时，带给消费者的是远大于产品本身的深层含义。

4.品牌带给消费者的社会认同性

"品牌考虑关系，而非交易。"戴瑞（Daryl Travis，2001）认为品牌如同一座桥梁，能够在企业与消费者之间搭起桥梁。品牌不但使生产者与其竞争者有所区别，提供产品的质量保证，更可以传达属性、利益、价值、文化、个性与使用者等不同的意义给消费者，且具有帮助消费者进行购买决策以及消费者自我形象投射等功能。

品牌是产品、个人与企业在与消费者进行交易和往来过程中形成的相互关系的反映。"每一个强有力的品牌实际上代表了一组忠诚的顾客"，贾斯帕（Jesper Kunde，2000）从消费者"参与性"与品牌价值之间的正相关性入手，提出消费者参与性越强，品牌价值越大。而长期的关系建立，则有助于消费者对品牌形成认同与情感，这种情感关系建立后，消费者会从品牌的视角去看待品牌相关的问题，将品牌相关的信息作为与自身相关的信息，与品牌成为共同的社会群体，从而接纳品牌的价值观与社会认同。

第三章　研究方案设计

　　本研究主要在扎根理论研究方法论的指导下进行。对这一方法论的选择，建立在对相关内容的本文研究和消费者定量调查之上，包括品牌与国家形象及其关系的文献梳理和消费者对国家形象现品牌的初步认知。扎根理论属于定性研究方法的一种，其系统、规范的研究方法非常适用于本书提出的研究问题。本章主要阐述本研究对于扎根理论方法的使用及通过扎根理论所得出的建构国家形象认知的品牌要素。

一、扎根理论的选择与介绍

（一）扎根理论介绍

　　扎根理论（Grounded Theory Methodology）是质化研究方法中的一种，最早产生于社会学领域，其精髓是借鉴一手的经验资料，从中进行概念化提取，在其基础上建立理论（Strauss，1987），常用于探索性研究。扎根理论研究与其他研究方法的主要区别在于，研究者在开始研究之前，要放空自我，不能提前做出任何理论假设，而是要直接从对研究对象的客观实际观察入手，从原始的第一手资料中归纳总结、概括提取，然后不断地归纳总结，比较概念，最终上升到理论，是一种自下而上地建立理论的方法。因此，扎根理论要求研究者在初期，有一个笼统的兴趣（McCallin，2003）和大致的研究方向，根据研究问题的不确定性，不断探索研究的走向。特定的概念和变量会逐渐从大量的经验及一手数据中逐渐发展成形（Charmaz，1995）。在研究者系统收集资料的基础上，寻找反映现象的核心概念，然后通过这些概念之间的联系，建构出相关的社会理论。扎根理论要求有大量经验性证据的支持，从经验事实中不断抽取出概念，形成理论。

扎根理论的基本研究逻辑是：通过深入情境的调查访谈研究，收集数据和资料，通过对数据的不断比较，进行抽象化、概念化的思考和分析，从数据资料中归纳提炼出概念（Concept）和范畴（Category）并在此基础上构建理论。

当前，扎根理论已经形成了既有联系又有区别的三大派别：即格拉斯（Glaser）和施特劳斯（Strauss）的经典扎根理论（Classic Grounded Theory）；施特劳斯（Strauss）和科宾（Corbin）的程序化扎根理论（proceduralised Grounded Theory）；卡麦兹（Charmaz）的构建型扎根理论（The Constructivist's Approach to Grounded Theory）。不少学者认为，当下的三种扎根理研究方法文献中，绝大部分是被认为违背和脱离了扎根理论的原始初衷的（Eaves，2001），施特劳斯（Strauss）和科宾（Corbin）的程序化扎根理论方式，已经变得过于程序化和公式化（Melia，1996），背离了扎根研究的本意。因此，本次研究将选取经典扎根理论，作为重要研究方法。

（二）以定量调查为线索，扎根理论作为主要研究方法

目前，关于与消费者相关的各类影响机制研究中，量化研究方法是获得学术研究普遍认同的，也是被认为科学性较高、较为严谨的一种方法。在本研究的研究对象确认之前，也是通过大量的消费者定量研究结果发现了研究问题所在。

本研究通过消费者对国家形象与品牌认知的定量调查，以客观了解各国的国家形象以及品牌形象在消费者心目中的状况。定量调查于2015年1—2月在北京地区执行。选取大学在校本科生及年轻白领为调查对象。大学生群体有效样本量322个，包括清华大学、北京大学、中国人民大学在内的北京地区15所高校本科学生。问卷涉及德国、荷兰、英国、法国、瑞典、瑞士、意大利、西班牙、美国、日本和韩国等12个国家。关于国家联想、产品联想、品牌联想均为开放性问题。同时，以2000年中国传媒大学《国家与品牌联想调查报告》为纵向对比数据，调查范围为包括美国、日本、韩国、俄罗斯、意大利、法国、德国、英国、荷兰、巴西、澳大利亚、加拿大在内的12个国家，调查样本为中国北京15所高校的在校大学生，有效样本400份，以问卷调查为形式，国家联想、产品联想、品牌联想均为开放性问题。在本文中所提到的数据如无特别说明，则均来自本次调查结果。

通过定量调查发现消费者对于国家形象与品牌形象的认知关联之后，本研究认识到量化研究方法对于下一步建立品牌与国家形象之间的逻辑关系及影响因素方面存在局限性。首先，量化研究一般要先提出理论假说，而假说的提出基于已有理论的总结，所以量化研究是在现有理论的基础上提出假说并进行验证，对一个全新的或者利用现有理论难以归纳总结的社会现象或者概念并不适用；其次，

量化研究过程中，从研究假设的提出到研究变量的设计，均受制于研究者在该领域的认知程度，并常常会因此而导致研究方案设计、数据分析乃至结论出现偏差，或者在数据收集过程中忽略现实存在的重要信息，而错过真正的问题分析。扎根理论是一种规范的定性研究方法，其系统、规范的研究方法与量化研究方法相比，更适于研究本文提出的研究问题，此外还有以下几个原因。

第一，根据前期对相关文献的梳理结果来看，品牌与国家形象的关系研究主要集中于国家形象对于消费者品牌决策的作用，也就是来源国效应，而其逆向研究，即品牌对于国家形象的影响研究较为少见，在相关领域中，还没有学者提出较为系统的理论模型，没有清楚地梳理品牌对国家形象的建构要素以及品牌与国家形象之间的关系和机制，二者之间的逻辑关系并没有得到过论证。在没有得到清晰界定或者无法用既有理论来推导的问题上，由于缺乏识别性和解释力，这就需要使用定性研究方法，首先对要研究的现象进行界定或给出理论框架。因此，以探索性研究为目的定性研究方法更为合适。

第二，在研究目的逐渐明确的同时，作者进行了消费者关于国家形象和品牌认知的描述性定量调查。调查数据发现，目前消费者对于各国的国家形象认知的差异化非常大，对于每个国家的认知存在不同的层面和视角，这是由于各个国家的发展历程、历史情况、地理环境等特性各有不同，其产业优势、品牌类型也千差万别，加上消费者对于不同品牌和国家的认知度不同，如果继续使用定量研究，势必将研究对象限定于一国或几国当中，而忽略了其他国家的，国家间各自特征差异较大，没有代表性，最终的结论必然会有所偏颇。加之量化的问卷会固化品牌或品类，对于消费者谈及国家与品牌之间的联系时会成为一种极大的限制和误导，最终的研究问题很容易聚焦到某一种狭隘的局限中。

因此，本研究选择对于消费者进行半结构化的深度访谈，让他们主动谈及自己印象深刻的品牌与国家，通过自主的认知和思考谈出他们内心的真实想法，再利用扎根理论的研究方法，将来自消费者真实的信息进行科学化的编码与概念提取，最终得以形成较为贴近消费者实际的结论。

质化研究方法包括扎根理论、传记研究、现象研究、民族志和案例研究等方法，在这些研究方法中，扎根理论被认为是定性研究中最科学的方法论，其方法也被认为是最适于进行理论建构。

（三）扎根理论的研究程序

研究方法是达成研究目标的手段，是为解决研究问题而存在的。因此，研究方法的选择应当符合研究问题的特点和性质，并有可能通过运用该研究方法而达到解决问题的目的，这才是正确选择研究方法路径的准则。同时，对研究方法的选择是可实现、可操作的，并在适用于现有的研究条件和环境，这样才能达到预期的研究成果。根据以往学者的研究，经典扎根理论的研究过程可以划分为以下四个阶段。

图6 经典扎根理论的四个研究阶段

1.产生研究问题

经典扎根理论强调的核心问题是，研究问题的提出及理论的形成都是一个自然涌现（Emergence）的过程。首先，在研究的大致方向确定后，研究范围应当是充分的、灵活的、广泛的、开放式的，这样才有助于一种还未形成的理论在对一个社会现象各个方面的调查过程中逐渐形成（Smith&Biley，1997）。因此，研究者在没有获得确实的证据之前，不能先入为主地依靠主观想象、推测和猜测，而必须深入到被研究的人群中间去，通过对于被观察对象的行为、语言等实际情况，对他们的说法和做法加以描述和分析，再根据实际情况提出假设或理论。

研究问题的产生阶段，要求研究者以完全开放和自由的状态，带着对某方面问题的笼统的、模糊的兴趣进入研究情境，通过对研究情境的观察、对不同研究对象的访谈与互动，自然而然地发现问题、提出问题，让研究问题在观察中自然地涌现出来。

对于文献研究时机的掌握，与传统的量化研究方法中将文献研究作为研究的起点相比，扎根理论则是一种"自下而上"的研究思路，因而强调在研究进行理论建构阶段再展开文献的研究与对比。但本研究认为，在发现研究问题与深入情境互动的过程中，应该同时对现有的文献进行研究。一方面通过文献研究可以了解目前学术界对该研究领域的研究现状，明确现有的理论和文献是否已经可以解释该研究现象，即可以帮助确定本研究的意义。另一方面，在回顾该领域现有文献研究成果的过程中，可以使得本研究在现实情境中发现的问题通过文献研究更加明确研究的。因此，本研究认为，为了研究更加具有方向性和效率性，文献研究的时机可以灵活把握，并不违背扎根理论的要求。

在本研究进行的消费者对于国家与品牌形象定量认知调查中发现，消费者对于各个国家的形象认知非常鲜明，并且国家与品牌之间存在紧密的相关性。对于一些不熟悉的国家，消费者会将品牌

（ZARA）作为一种认识国家（西班牙）的渠道去展开对于国家的认知描述；而对于品牌的认知和体验甚至会改变消费者对于一些国家的负面认识。随后，通过大量的文献资料查阅，发现目前并未有品牌对于国家形象建构的系统性研究，相关理论依据更是不够充分。而西方对于此的相关研究则是建立在另外一种理论体系中。这些对于资料收集和数据发现之后的思考使笔者逐渐确定了本文最初的研究范围，并且随着研究的深入，研究问题不断涌现并具化。

2. 数据收集

鉴于"一切皆为数据"的研究原则，经典扎根理论在收集数据过程中采取的了理论性抽样（Theoretical Sampling）。也就是说，研究者在一项研究开始时从所发生现象中的一个样本出发，然后再到下一个样本，根据研究的不断深入和进化寻找具有代表性的、典型的研究对象。数据收集的对象是理论性采样，最终结果是为了形成理论，因此研究对象需要具备研究问题的典型性，而与量化研究过程中的数据样本的普遍性不同，扎根研究的样本更注重每个研究对象差异化的特质，尽量穷尽研究对象的变量，而不是普遍的代表性。在进行研究对象的访谈和分析时，需要在收集、编码并分析数据的同时，再进一步决定下一步要收集什么数据，以及能够从哪里可以找到它们。任何涉及研究者的一切，都可以当作数据来不断进行比较，从而形成概念并最终发掘其中所涉及的模式。理论性采样之前，研究者事先并不知道要采样什么，会将研究者的研究方向带向何方，而是根据样本呈现出的特质，让数据收集过程去形成的实质的理论，或者控制理论建构发展的方向（Glaser，1978）。

访谈是非常重要的数据收集方法，这有助于从研究参与者中产生研究问题和理论（Glaser，1992）。在访谈过程中，研究者应保持一种参与者的姿态，关注访谈对象所关心的问题，避免任何先入为主的引导和提示，多使用开放性问题，鼓励访谈对象说出自己真正的想法，以谈心的方式完成访谈。同时，鉴于"一切皆为数据"，在研究过程中的研究者收集到的现有文献、研究者的观察记录、研究者的笔记等均可以作为原始资料来分析和编码。

　　本研究的数据收集过程中本着"一切皆数据"的原则，全方位、多角度地收集数据，以供发现问题和建构理论。首先，笔者根据问卷调查中反映的问题，选取当时在填答问卷中对问题表现出兴趣、并且对各国产品和国家较为了解的消费者作为深访对象16名。在对这16人的访谈结束后，发现他们谈到的品牌主要集中在比较大众的和常见的消费品品牌，谈到的主要因素比较具有普遍性。为了让研究能够发现更多的要素和视角，于是寻找在各个消费领域，包括小众的消费领域中具有典型性的消费人群（如设计师、音响爱好者、摩托车俱乐部成员、珠宝收藏者、时尚达人、旅游达人、大型综合商场品牌管理者等）作为访谈对象，共计13人，将所涉及的品牌范围和国家范围逐步扩大，以寻求数据的多样性。最后，选取一般性大众消费者3人进行饱和度检验，发现没有出现新的指标，理论构建饱和。所有被访者都具有一次以上的出国经历。由于访谈的问题并非是消费者日常思考的问题，因此访谈过程必须由浅入深，从总体到局部，最后注重他们谈及内容中关于对品牌和国家形象之间关系的深层认知。

　　最终访谈对象人数32位，全部来源于北京、上海、深圳等一线城市，除了7名外地受访者进行电话访问外，其他被访者全部进行面对面访谈。由于本研究提出的问题不是一般消费者日常生活中会思考的，因此研究在与深访对象的沟通中，会随着发散性问题的展开，逐渐根据消费者的个人兴趣和思考深入进行，为了让他们充分回忆和思考，访谈时长在45—90分钟之间。形成访谈记录65000字，观察笔记6000字。大量的访谈记录仅依靠访谈现场的记录是远不够的，因此本研究在征得被访者同意的基础上，在收集数据的过程中使用录音设备。另外，本研究的访谈并不涉及被访者个人隐私等问题，录音设备的使用可以确保完整地记录下访谈的过程，确保原始数据的完整性，同时，在对录音资料的整理过程中，可以重新审视现场访谈中不确定的编码之间的关联。

3. 数据处理——实质性编码（Substantive Coding）

对基础数据进行处理和分析主要分为两个步骤，包括开放性编码（Open Coding）和选择性编码（Selective Coding），这是数据处理的实质性编码阶段。

在数据分析过程中，将数据与数据之间不断地比较，将概念与概念之间不断比较，将范畴与范畴之间进行不断比较，才能够最终形成理论。一个概念的形成，需要经过不断地比较和完善，才能最终将所有的可能性包含进去，逻辑严密地形成饱和的概念。随后，将概念再次进行相互比较，以进一步形成一个更为抽象的概念，并且使其饱和，逐渐完整，才能够逐渐形成一种理论来解释普遍存在的情况（费小冬，2008）。

开放性编码是指前期阶段，将原始的资料进行逐行编码，再通过不断地比较与分析，将其进行概念化和抽象化的过程。在这个过程中，需要将原始资料掰开揉碎，并将提取的原始素材编码不断地进行抽象和概念化，逐层比较，将抽象出的概念打破、揉碎再重新组合。这个过程中，对于原始资料的任何信息都不能轻易放过，需要逐行进行，逐级进行，不能够从最初始的编码直接抽象提升到较高的概念范畴，而是应当一级一级地提炼。因此，在开放性编码中往往要通过多级的编码才能得到足够抽象化和概括性的概念或范畴（贾旭东，2010）。

在选择性编码出现了核心范畴（core category）之后，既研究者已经确定了其中哪些范畴之间能够产生足够的关联度，从而对其相关性进行的编码。应当注意的是，核心范畴的出现，是在开放性编码过程中自然涌现的。如果核心范畴提取的概念不够完整，没有达到理论饱和，那么研究者就要继续进行理论性抽样，重复上述步骤，再次进行逐行的选择性编码，不断比较抽象出概念，直到饱和为止，在核心范畴达到理论饱和后，研究就转入了理论构建阶段。

从大量的原始数据和文本材料中逐行编码、层层演绎推导，是扎根理论研究的过程。因此，本研究在录音记录转换为文本文字后，借助 Nvivo8 质性分析软件对所有文本内容进行逐行的概念化编码。同时，采用了思维导图工具 Mindjet 进行开放性编码和主轴性编码的整理。但是，计算机工具同录音设备一样，都只是一种辅助的记录工具，只是将研究者的编码思路记录下来的一种工具，并不能代替研究者进行编码和逻辑整理。

（4）理论构建——理论性编码（Theoretical Coding）

理论性编码是经典扎根理论的最后一个环节。理论建构工作主要是通过理论性编码来完成，理论性编码是指实质性编码（Substantive codes）间的自然呈现的结构（Glaser，1978），将在实质性编码中形成的概念或范畴组织起来以构建理论。

逐行编码（Line by line coding）是传统扎根理论对研究者处理原始数据的基本要求，但本研究认为这与早期没有使用录音设备，研究人员记录数据时的整理方式有关。早期的原始数据，可能是研究者在记录下被访者话语的同时已经有进行数据处理整理的过程上而形成的。而现在的原始数据是运用录音设备完整地还原当时访谈真实情境，可能访谈者一行一句的内容并不能形成一个完整的编码，或者一行一句包含多个编码。因而，本研究在编码的过程中，并没有拘泥于"逐行编码"的要求，而是灵活地根据被访者想要表达的内容进行有序的编码。

扎根理论不仅需要一手资料的收集，也需要进行相关文献研究，只是文献研究的时间是滞后于编码的。在编码完成后，将初步构建的理论与已有的文献资料进行结合，再一次不断比较，发现和补充已有概念、范畴及理论的不足。文献回顾延迟进行被认为是扎根理论研究方法论的一个显著特征（Charmaz，1995；McCallin，2003）。文献滞后就是为了让研究者放下主观看法和已有的认知，避免对研究目标产生偏向，而是以开放、自由和空白的状态进入到研究情境当中，参与到被访者的实际调研中，让研究问题和理论在研究过程中自然涌现。当不断编码后产生的理论不能与已有的概念共同产生新的概念与范畴时，理论就达到了饱和，理论构建工作得以完成。

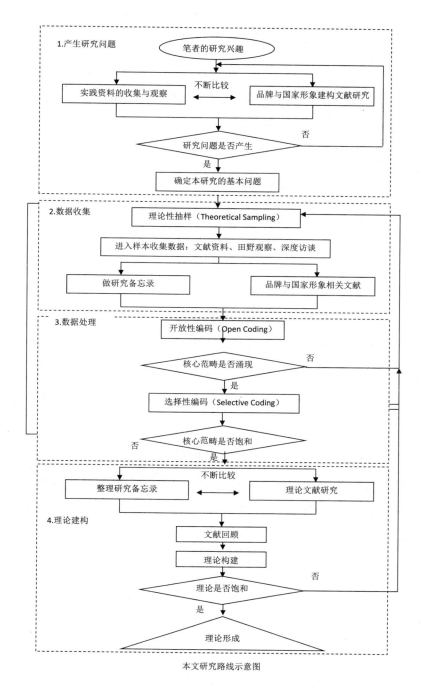

本文研究路线示意图

图7 本文研究线路图

二、品牌要素范畴提炼

（一）概念化与初步范畴化（开放性编码阶段）

开放性编码（Open Coding）是扎根理论的最初一级的编码，指通过对数据资料的不断比较，一层一层地进行概念化以及范畴化的过程。本阶段要求研究者以开放的心态，将所有的资料分解、打散，并且反复进行对比，赋予新的概念，在不断比较的过程中重新组合，最终形成初始范畴。为了避免理解产生偏差，在编码过程中本文将尽量使用被访者的原话作为母本，这也要求在整理访谈报告的过程中，要尽量保证数据的完整性。

在深度访谈过程中，笔者始终围绕"品牌与国家形象之间的关系"让消费者结合自身认知情况和经历进行发散性描述，并在访谈中不去引导和评价他们对看法，不带任何研究者的预设和偏见，对原始资料逐字逐句进行编码。借助 Nvivo 8.0 质化研究软件进行编码后，共计获得317条原始语句，形成123个相互之间不重复的编码及相应的初始概念。由于初始概念的数量非常庞杂且存在一定程度的交叉与重叠，因此，进一步根据概念之间的相似、包含或因果等关系，将与同一现象有关的概念聚类成一个范畴。经过范畴化后，123个初始概念最终形成27个概念范畴，这些范畴围绕对国家形象认知有关的品牌构成要素、消费者个人因素及消费者对于国家形象的描述三大方面构成。初始范畴如表3所示。

表格3　初始范畴的定义[①]

序号	初始范畴	概念	具体描述
1	品牌设计	名称（1）、logo（2）、店面形象（3）、包装（1）、整体设计（22）、外观设计（7）、装饰（2）、元素（2）、设计语言（1）、颜色（1）	消费者能够感受到的品牌的外观，品牌的设计方面的表现，与视觉相关
2	产品质量	工艺（5）、组装（4）、做工（8）、细节（1）、质量（8）、加工（2）、技艺（2）	消费者通过产品体验对产品质量方面的理解
3	产品技术	技术（6）、元配件（3）	对产品技术方面的理解
4	产品性能	安全性（4）、原理（1）、构造（1）、稳定性、实用性、功能（7）、性能（4）	通过产品体验满足其功能需求
5	原材料	材质（6）、材料（4）	产品的构成材质
6	品牌广告	广告（7）、营销（6）、广告植入（2）、广告覆盖面（2）、品牌活动（2）、广告风格（2）、广告质量、广告数量、广告频次	品牌营销中的广告内容
7	品牌活动	宣传（2）、品牌赞助、体育赞助、出版书籍、代言人（2）	关于品牌的公关活动
8	口碑传播	口碑（8）	品牌的人际传播
9	品牌理念	特征（3）、精神（2）、观念（2）、价值观（1）	消费者对于品牌精神和特征的非量化的、主观的感受
10	品牌风格	风格（16）、感觉（4）、调性（1）、气质（2）、个性（1）、作风（1）	消费者对于品牌整体风格的感受
11	品牌历史和文化	历史（10）、文化（9）、传承（2）、故事（1）、传统（1）、积淀（2）、起源（2）	品牌客观的历史背景

---

① 括号中的数字代表出现的频次。

续表

序号	初始范畴	概念	具体描述
12	产品体验	体验（8）	通过产品体验感受到的关于产品使用功能方面的印象
13	品牌属性	价格（3）、性价比（2）、档次（2）、功能细分（1）、产品线（1）、品类（3）、系列（2）、尺码（3）、款式（4）、颜色（1）、型号（1）、品种（1）、味道（1）、场合（2）、目标客群（4）、消费者形象（2）	消费者感受到的与品种相关的产品外在的指标
14	品牌能力	专一性（1）、活力（1）、专利（1）、品牌态度、品牌覆盖面（3）、品牌影响力（2）、同业地位（2）、品牌发展、品牌使用频次进入中国市场时间（1）、品牌忠诚度、品牌态度、产品丰富程度、市场份额（2）	消费者对企业形象方面的感知，与其他企业相比的特性
15	企业人员	员工（7）、设计师（7）	消费者对于品牌背后人员的了解
16	企业领导人	企业家精神（2）、企业家理念（1）、企业家经历（1）、企业家风格（3）	消费者关于企业家个人的了解
17	品牌服务	店铺服务（2）、售后服务（1）、电话客服（1）	消费者感受到的品牌服务情况
18	企业机构及管理	设计部门（1）、管理（3）、层级（3）、制度（1）、生产（1）、控制（1）、机制（1）、程序（1）、成本（1）	消费者了解到的关于企业内部秩序、流程等企业管理相关内容
19	消费者个人	个人经历（6）、个人喜好（4）、媒介接触情况（2）、历史情结（5）、职业（2）	对于品牌与国家形象关系产生影响的个人因素

续表

序号	初始范畴	概念	具体描述
20	国家历史与传承	国家历史（12）、传统（3）、传承（2）	消费者通过品牌对国家形象的认知侧面
21	国家文化形象	国家文化（16）、商业文化（2）、宗教（2）	消费者通过对品牌的了解和体验，对于国家形象各个方面的感知
22	国家产业情况	产业优势（4）、行业准则（4）、行业习惯（5）、产业模式（1）、产业基础（1）、传统产业（1）、工业制造（2）、相关产业（2）、行业标准（3）、优势产业（1）	
23	国家风格气质	风格（26）、气质（1）、整体感觉（1）、国家精神（2）	
24	国民	国民素质（3）、国民习惯（5）、国民风格（1）	消费者通过对品牌的了解和体验，对于国家形象各个方面的感知
25	国家政策形象	机制（1）、体制（2）、制度（2）、创新（1）、活力（1）、态度（3）	
26	国家实力形象	经济（2）、知识产权（1）、技术（1）	
27	国家自然形象	国家气候（2）、自然条件（2）、资源（1）、环境（1）、人口（2）	

（二）主范畴的发掘（选择性编码阶段）

主轴性编码（Axial Coding）是扎根理论的二级编码，它通过对第一阶段编码过程中产生的初始范畴进行归纳演绎，通过对初始范畴之间的关联性进行多次的分析与比较，整合出更具有概括性、更加概念化以及抽样层次更高主范畴编码，这也是进行机制模型建构的基础。

由于初始范畴的确定意义比较广泛，范畴与范畴之间的关系比较模糊，不可避免地存在一定的重叠与交叉现象，因此需要进一步将初始范畴放回原始资料中，对原始资料进行分析。在对研究情境和研究对象进行考察和分析基础上，深入分析范畴的属性，通过不断比较，按照不同范畴之间的从属、因果，以及逻辑次序，对其进行归类，对相关的27个初始范畴加以综合分析和整理，形成与品牌相关18个初始范畴、与消费者相关的1个初始范畴和8个与国家形象相关的初始范畴。与国家形象相关的范畴主要是消费者所描述的国家形象。随后进入数据处理的第二个阶段，不同于第一阶段从原始资料中提炼出抽象化的概念，该阶段需要对各个概念、范畴之间的关系进行聚类分析，即进入主轴性编码阶段。

对于品牌相关的18个初始范畴（包括105个提及概念）进行聚类分析，形成由品牌产品、品牌文化、品牌企业组织等品牌内部因素构成的三个主范畴，形成由品牌推广、品牌能力和品牌属性构成等品牌外部因素构成的三个主范畴。借助思维导图工具 Mindjet MindManager 2016软件，对与品牌相关的范畴中包含的105个概念进行聚类，并且不断比较概念之间的关系进行归类和调整，最终对影响消费者国家形象认知的品牌各要素进行归类整理后如图8。

（三）饱和度检验

为了检验本研究的范畴是否饱和，本研究针对剩下的3份访谈记录再次展开了编码工作，若没有达到饱和，则需要回到理论性抽样环节，继续抽样，重新进行编码。通过开放性编码、主轴性编码和选择性编码，这3份访谈记录中出现的编码均已在本研究开放性编码表中，且核心范畴仍旧是消费者的品牌来源国认知，并没有出现新的概念和关系结构。因而，判定本研究最终形成的范畴在理论上是饱和的。

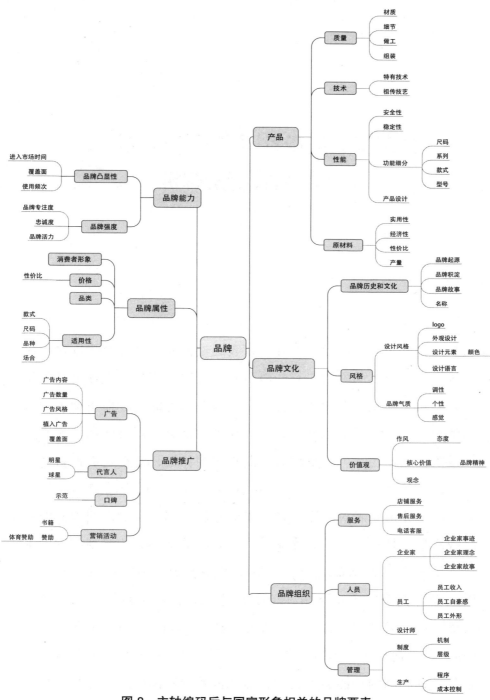

图 8　主轴编码后与国家形象相关的品牌要素

第四章　消费者国家形象认知视角下的品牌要素解析

在国家形象的框架下，本研究的深访工作从消费者对品牌的认知谈起，围绕国家形象展开，以表达他们通过品牌对于国家形象的认知。在谈及品牌时，有些消费者只是通过广告、人际传播听说品牌的相关信息；有的消费者则会因为对品牌的兴趣而主动去搜索品牌相关信息，了解到品牌背后的故事和细节；还有些消费者则会通过购买和使用品牌，形成对产品真切的体验；甚至还有消费者因为对品牌产生好感而主动成为品牌的推广者。对于品牌不同的介入程度，让消费者对于品牌各要素的理解不同，有的消费者只能对品牌产生一种概括性的整体印象，而有的消费者会体验到品牌的细节，不同的品牌要素为消费者提供了品牌所属国家形象认知的不同层面。施密特（Schmitt，2012）根据消费者对品牌的感知及相关概念构建了消费者品牌心理模型（Consumer Psychology Model of Brands）。他认为，品牌感知具有不同层次，最核心的里层是消费者与品牌之间的功能驱动契约，是指消费者对品牌的初始目的，也就是产品部分，获得实际的使用价值来解决自身的实际需求；第二层是以消费者自我为中心的契约层，是指消费者与品牌之间存在契约关系，这种联系让品牌与消费者不是独立存在；最外层则代表消费者与品牌的社会契约，是指消费者会将品牌置于社会文化环境之中，使用品牌后从人际、社会和文化视角审视品牌[①]。

品牌对于消费者的意义由内而外不断增加。消费者通过品牌感受到更多的意义，才可能从品牌的构成要素中解读出更为详细和丰富的国家形象。

一、品牌要素解析

通常，消费者对品牌产生相关信息的认知时，多会了解品牌的广告、价格、类型等基本信息；而当消费者对品牌产生实际的体验后，会更关注品牌本身的产品质量、性能等内容。考克斯（Cox，1962）将品牌信息作为消费者判断与决策的线索，如产品的质量、技术、设计、价格、朋友评价等与品牌相关的因素，这些因素可以分为内部线索与外部线索。内部线索即产品自身的构成，如产品的质量、原料、做工、技术等，这些要素的变化能够改变产品本质特征的内在属性，直接影响产品的功能和效果；外部线索即附加在产品之外的线索，如品牌的传播与推广，品牌所属的类别与市场地位，品牌的竞争力等，这些要素的变化不会轻易改变产品功能和绩效，他们是与产品本身无关的外在属性，这些因素更大程度上取决于品牌的发展环境和市场竞争情况，它们的变化不会轻易

---

① Schmitt B.The consumer psychology of brands[J]Journal Consumer psychology 2012, 22（1）：7-17.

改变产品的功能和品质，但是却能够反映品牌在消费者心目中的印象或者在市场中的地位。

通过对消费者深访的内容进行编码后，将品牌内部的要素分为三个方面的内容：第一是产品实体方面的特质，为消费者提供功能性利益；第二是品牌历史文化方面的特质，提供给消费者精神、情感等附加价值；第三是消费者与品牌的接触过程中，企业员工、服务人员及企业领导人等企业组织要素。而那些品牌自身以外的要素，如品牌推广取得的效果、品牌的属性以及品牌的能力等，不是依靠产品本身的变化而能改变的，还需要经过市场分类和竞争对手角逐，抑或是传播环境或者受众环境的变化而改变。由于是从消费者的视角来谈这三类要素，因此品牌推广主要是指消费者接收到的品牌推广的效果，而品牌的属性、强度也是消费者视角下的品牌属性与品牌的强度。

（一）产品主体层面

产品是品牌形成的基础。产品主体层面为消费者提供的功能价值是消费者追求的品牌的基础出发点。凯勒（Keller）认为，产品相关属性是品牌的基本属性，是消费者寻找产品的初衷，是为了能够满足他们需求的产品或服务的必要功能，正是这种基本的功能，构成了产品的物理属性和客观存在的要素，其能够为消费者提供功能性利益。而功能性利益是产品或服务消费的内在优势，这些利益通常与消费者基本动机相联系，如生理和安全需求（Maslow，1970）。当消费者的需求和产品提供的相关属性一致，就能够满足消费者需求。科特勒（Kotler，2001）认为，产品包括实体货物、服务、经验、人物、地点、性能、组织和信息，可以说，产品是可以提供给消费者的能满足欲望或需求的一切事物。因此，与产品相关的品牌信息也被称为内部线索，又称品牌的有形属性。产品内部线索的变化会改变产品本身的形态（Rao and Monroe，1989）。比尔（Biel，1993）将品牌拆分为不同的构成部分，每一部分的属性都可以分为硬属性和软属性，其中，硬属性能够为消费者提供使用功能，软属性能够为消费者提供情感功能。

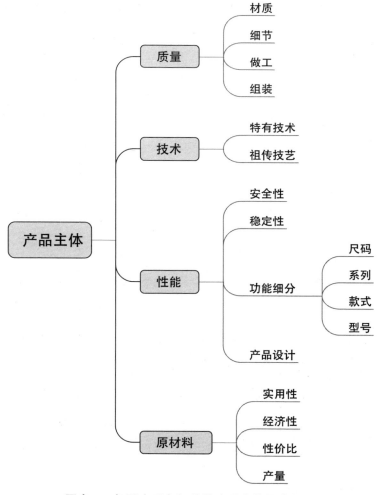

图表 9　与国家形象相关的产品主体要素构成

从消费者访谈的数据和编码都谈到"产品主体反映国家形象"这一核心范畴，在开放性编码阶段，这一核心范畴一共归纳为三级，22个编码构成这一核心范畴，在选择性编码阶段，又获得了相关理论和已有研究作为参照和支持。因此以形成图表9，并且使用思维导图软件Mindmanager 2016进行开放性编码获得"产品主体反映国家形象"这一范畴，包括产品的质量、技术、性能和原材料几个初始概念，对该范畴进行选择性编码的截图，以展现与产品本身有关的、能够提供给消费者功能性价值和基本需求的具有功能属性的内部线索。

购买和使用一国的品牌不仅是一次简单的消费行为，消费者通过对产品体验获得产品主体的内部属性认知，消费者通过品牌体验能够在满足自身实际需求的同时产生关于产品的评价，印象深刻的评价能够在一定程度上影响消费者对该国相关产业其他产品甚至该国整体国家形象的认知。

1. 产品质量——国民态度和素质的体现

产品质量是品牌对于消费者基本功能需求的承诺。消费者选择他们信赖的品牌以保证产品质量，在消费者使用品牌前，一般会有一个对产品质量的预期。经过实际体验后，产品质量如果能够超出预期或者低于预期，消费者可能都会对产品产生更多的话语权与评价，很可能将品牌的质量体验与品牌所在的国家发生关联。产品质量超出预期，消费者对品牌满意，消费者会认为产品的生产者及来源国对于产品有着严格的把控，他们具有严谨、认真的工作态度，或具备生产高质量产品的专业能力。因此产品质量能够蕴含国家的国民态度和素质。

产品质量大部分被定义为一个总体概念。产品质量是企业依据行业或者国家的相关标准，对产品的品质进行规划、设计、制造、服务等全过程的信息披露。对于消费者来说，产品质量是品牌物质方面的客观存在反映，其判断标准比较复杂，代表品牌的耐用性、保持性、可靠性等。塞莫尔（Zeitham）认为，质量是"消费者对于某产品或服务的总体卓越性或优越性的一种判断"[①]。由于产品本身包含多个方面的特性，质量只是其中一个重要的指标。对于质量的判断，代表了消费者对产品和服务的一种态度，是对产品或服务整体的评价和判断，消费者感知质量来自顾客的感受（Holbrook&corfman，1985）。普通消费者通过视觉、听觉、感觉及通过对所了解的信息进行分析和判断来评价产品的质量，而不会像企业或者专业机构一般使用专门的科学仪器来测量产品的质量。因此，消费者是通过自我对品牌的体验对质量做出个人化的判断，从而再去推断了品牌的相关人员，以及其背后国家的国民素质和经济发展状况。

道兹等人（Dodds&Monroe）1992年开发出产品感知质量的五个测量指标：产品可信性、产品工艺水平、整体质量、耐用性和可靠性。[②]本研究基于消费者深访中所谈到的内容，将被访者所提到的关于产品的材质、细节、做工、组装等方面的感知，整合表示为产品的质量。在消费者访谈中，被访者可以从产品使用过程中微小的细节体验去推断它的质量，如被访者R20谈到："我现在觉得对美

---

① Zeithaml Valarie A. Consumer Perceptions of Price, Quality, and Value: A Means-end Model and Synthesis of Evidence[J]. Journal of Marketing, 1988, 52（2）: 2-22.

② Dodds, William B, Kent B. Monroe and Dhruv Grewal. Effects of Price, brand, and store information on buyers' product evaluations[J].Journal of Marketing Research, 1991, 28（3）: 307-319.

国的印象特别不好。我的车总是出问题，第一次加油就打不开油箱盖，召回也没解决问题。今天又拿去修了。美国的组装技术还不如国内，其实就少了润滑油而已，很简单的问题。但是美国人就是很糙。我了解到很多美国车的组装都是墨西哥人在做，赚完钱就吃喝玩乐，对待工作很敷衍。"

产品质量欠佳对国家形象有负面作用；产品质量好则消费者能够通过质量去推断品牌来源国的国民素质，同时折射一国的经济发展情况。在深访中，被访者 R2 表示，"奔驰在德国生产时，对轴承的要求特别严密，德国的工人就是用膝盖一点一点地把轴承顶到轮子里面。但是中国的工人就不会这么耐心，一脚就踹进去了。所以说从汽车的质量能够看出来，德国的工人的素质是不一样的。我认识的德国人，比方说东西放在这个地方，你稍微碰一下，他就会发现你怎么挪地方了，很严谨"。能够生产出经久不坏的产品，做工精良耐用，细节完善，能够说明生产这些产品的员工至少受过专业的训练，具有较高的职业素养，是国民素质的一种体现。如果产品体验差，则也可能让消费者产生对于其国民态度和国民素质相反的评价。被访者 R20 认为，"印度和中国也生产摩托车，但质量就一般，其实技术也不差，但主要就是差在组装的工艺。日本、德国、意大利组装工人的态度很认真，比如规定一个螺丝拧两又四分之一圈，每个都会严格地去那么拧。但中国和印度才不会控制，随便拧几下就完事，不那么认真。"产品的质量在反映国民态度与素质的同时，能够进一步折射出整个国家的经济发展状况。如被访者 R15 提到西班牙的服装品牌，"ZARA 的质量太差，穿一季很快就会扔掉，连童装的质量都不太好。对西班牙了解不多，ZARA 的质量让我更加觉得西班牙经济上没有那么发达，因为经济基础决定人的素质嘛，他们肯定对于品质不那么关注”。

品牌在产品细节方面的努力所展现出的产品质量，反映出品牌背后的生产者的态度，或严谨认真、或糊弄敷衍，正是产品的生产态度造成了品牌质量的差异。

2. 产品技术——国家技术独特性的呈现

产品技术是解决消费者实际需求的核心能力。技术的发展是为了帮助消费者解决实际的问题，满足消费者的功能需求，获得良好的品牌体验。如果品牌的技术在行业甚至全球享有独创性，不仅能凸显品牌的优势，更会让品牌的领先技术成为其所在国的荣誉，消费者会将品牌与拥有同样技术优势的国家发展状况产生关联，让技术优势成为国家的特色乃至国家的竞争优势。如英国发明蒸汽机奠定了工业时代的国家地位，德国的工业制造享誉全球，美国在信息技术方面的发展使之成为全球的创新标杆。虽然随着当下信息技术的发展，产品技术创新的壁垒不断降低，然而在很多细分市场中，品牌所特有技术仍然是其获得竞争优势的核心资产。与其他国家的同类行业相比，技术的领先地位，成为这些国家与其他国家的差异化之处，消费者眼中的技术指标则反映了国家的技术形象。

在全球市场竞争加剧的时代，品牌若获得消费者的青睐，必须努力在新的技术市场开发出更广阔的空间。加蒂农和舒埃雷布（Gatignon，Xuereb，1997）认为，新技术不仅能够帮助满足消费者新的需求，还能够帮助开发他们新的需求，并且帮助企业在开发新技术和创新产品中获取先发优势。企业能够通过在技术方面的不断创新，创造新的需求和新的市场。如被访者 R25 提到："用了 iRobot 的扫地和拖地机器人之后，终于不用弯腰拖地，感觉被解放了。美国很多公司在改进人类生活方面是一直走在前列的，会根据市场的需求，然后通过高科技手段去解决实际的问题。美国在高科技或者说领先技术上确实是引领时代的。"与其他国家的同类行业相比，美国的高科技品牌不断根据市场需求去改进产品以帮助人类改善生活方式，带来了技术领先的感受，从而逐渐形成了"先进"和"发达"的国家形象。

以色列有众多科技型企业，例如，从事家居和楼宇自动化的Piont Grab以及高科技传感器品牌IotBox，以及农业大数据公司Phytech等，这些高科技品牌在世界专业领域内的出现，使得以色列从"战争国度"转变为"创新国度"。致力于宣传犹太文化的研究者认为，以色列的高科技品牌成为这个国家的"大使"，以科技创新展示了以色列的真实面貌。

自工业革命以来，技术是推动生产进步的重要因素，也是推动品牌增值的决定性因素。在新技术驱动的品牌发展条件下，其带领的市场和技术能力能够更容易地被市场接受（Mihkel M. Tombak，1995）。如果品牌的技术在全球享有独创性，那么品牌的技术资产能够成为国家的骄傲。被访者R21作为手表收集爱好者认为"手表达到一定的复杂程度，别的品牌是做不了的，有种陀飞轮的制作技术，只有瑞士的几个品牌可以做，别的国家技术达不到，中国宣称也有陀飞轮技术，但是核心工艺上是完全不同的"。足以见得，能够生产陀飞轮技术手表的瑞士，在消费者心目中享有非常不同的地位。

最后，即便产品技术不能证明国家的总体发展实力，也能够展示国家在相关行业的发展潜力。被访者R13认为"戴森的吸尘器解决了生活的很多问题。它的设计师是个英国的物理学家。我拆开看了，构造很简单，但是应该是用了空气动力的原理，所以吸力很强。因为这些毕竟是物理学家做出来的，技术还是很厉害的，而且英国从蒸汽机发明开始就一贯在科技和科研上有实力，这个国家能够发明汽车，所以在机械制造方面，是有这方面的能力的"。

3.产品性能——国家产业力量的表现

任何产品都具有其特定的使用目的或者用途，产品性能是指产品实现预定目的或者规定用途的能力，包括性质和功能。品牌是否有能力持续地、良好地解决消费者的需求，体现在产品的功能设置、安全性、稳定性以及功能的细分是否合理等等。产品良好的性能需要经过多次的试验，多年的累积，才能在帮助消费者解决实际问题时逐步臻于完美。在国家形象认知的框架下，产品性能体现为国家的相关产业长期以来在行业上取得的地位。也就是说，在消费者看来，品牌能够具有良好性能，不仅是品牌自身努力的结果，还需要具有深厚行业基础作为保障。国家的优势产业，来自在这个行业深耕多年的经验积累，雄厚实力基础与优良传统，并拥有多个知名的品牌，品牌之间不断相互竞争、促进，才能使得国家该领域上具有更强的实力，使得一国的产业成为标杆。例如德国西门子品牌的性能不仅代表了品牌自身的实力，还要借助于德国的家电产业乃至整个制造业多年来的积累。

消费者感知价值重要的一点是消费者想从产品中获得的性能，既消费者基于产品所获得的和所给予的感知，及对产品效用的全面性评估（Zeithmal，1988）。经过实际产品体验之后，消费者能够从他们的切身体验中感知产品的性能，从而进行品牌价值的判断。消费者还能够从性能良好的产品身上感知到这个国家的相关产业优势，如被访者 R2 提到，"我的箱子是 Rimowa 的，那个箱子的外向轮，还有锁都做得比较精致，反映出德国制造的严格标准。德国在加工机械、车床、各种精密加工方面都做得很不错。"被访者 R23 也提到"宝马强调是纯粹的机械，转弯、踩油门，它的行为反应和我的动作预判很一致。汽车在驾驶这个核心特性上面做最好之后，还会转而延伸到其他发动机相关的生产领域。德国很擅长把他们的技术进行方法论之后应用到各个领域"。可见，产品性能与国家优势产业具有紧密的关联。另外，产品性能也能让消费者感知到行业的传统和习惯，如 R13 提到，"日本的笔记本偏重实用性，有大小各种尺寸根据需求，因为他们有记账的习惯，不会设计很花哨。本子里的纸有薄的厚的，连爱马仕的本子都会用日本的纸。在造纸上，日本的确有很多传统的技艺，这与日本的传统文化相关。"另外，产品的功能细分也能反映国家的特色。被访者 R21 提到，"日本的手表产品会不断推新的功能，比如卡西欧的光动能手表。功能化做得最好的就是日本，他们的手表功能的细分特多，有些有温度、湿度、海拔的测量，是传统的机械表做不到的。可以说日本手表品牌对消费者需求的观察很细致，这是他们的传统优势。"

　　一个国家的产业发展不仅需要技术、人才与创新，更需要产业多年来在某个领域上经过时间的积累。二战后，很多传统的日本企业家认为，技术的创新与积累才是企业发展中最重要的因素，甚至比人才创新更为重要。从20世纪30年代之后，IT 技术领域中，一直是日本的企业技术称霸多年。而 IT 技术的基础则来源于半导体技术，半导体产业属于日本的支柱产业，国家与政府、行业、企业一直都在持续地进行半导体技术科研经费的投入和相关产业的支持。因此，日本企业能够进入 IT 产业并且在这一领域拥有世界领先水平的研发能力，得益于国家对于其基础技术的支持。这才使得20世纪

90年代 IT 技术发展之后，个人电脑、移动通信成为日本在产品架构方面的优势，并且及时将半导体的研发和生产重点甚至转换到家电等附加价值更高的产业领域。

依靠国家的产业传统和对细节的坚持，品牌能够让消费者通过直接的体验感知到产品性能。消费者对于性能的体验是不可能仅仅依靠品牌传播或者人际沟通而得到，"用过"之后的真实评价让消费者有足够的权力成为品牌乃至国家相关行业的评价者。

4.产品原料——国家资源及环境的反映

产品原料是与产地相关性最强的要素之一，一国的资源、物产决定了他们生产产品最初所会选择的原料。产品原料能够从一定程度上反映品牌来源国国家的地理自然资源，以及特产、人口、环境等状况。另外，原料是产品生产的基础，品牌对于原材料的选择和重视，反映了其对于资源、环境等问题的态度。因此，产品原材料的经济性与环保性，直接反映了国家对待资源的态度。产品原料的天然性，则能够反映出国家的自然资源。

不少国家和地区就农业相关产品提出地理标志产品，这个概念来自法语的"terroiro"，指产品的质量与特定的地域具有明显的管理。例如，"如果一种乳酪有某个地方的味道，如果这种风味与某个特定的地方的地理自然环境密切相关，这款乳酪就是在传达它的 terroiro"。这个概念在中国被称为地理标志产品，这种产品的质量、状态与其是在特定地理区域的土壤、气候、地形、地质、生物种群、海拔、人文等多种外在因素综合作用之后的结果。例如，法国波尔多的葡萄酒在于其"北纬37°的地理位置中，干燥的自然环境中特有土壤的矿物和气候的综合作品"。因此会有人说，法国的葡萄酒"部分来源于土壤，部分来源于气候，部分来源于葡萄树的种类，还有部分来自人工和传统"。在特定的地理环境中，这些因素作用产生的结果是实实在在的，不同的"风土"在其他地域难以复制，才形成了特殊的产品。

除了特定产地的地理标志产品，消费者在购物中会感知到未知的风险，由于不能确定产品的使用结果，所以会想方设法寻求减少风险的途径，如通过多方搜集产品信息来体现对原材料的重视。近年来，随着食品安全和环境保护问题越来越被重视，产品原料成为消费者决策中更重要的影响因素。那些减少对稀缺资源的消耗，并用对生态环境损害较少的产品替代者的消费者正在增加。有研究表明，发达国家的消费者会更重视产品的原材料，选择绿色消费（Fisk，1973）。如被访者 R2 认为"奶粉、食品这种东西，还有化妆品，原材料等都会不一样，我会很注重产地。比如买奶粉大家都选荷兰或者新西兰的，至少能说明荷兰和新西兰环境好，污染少"。被访者 R9 也提到，"日本丰田、日产和本田汽车都非常轻，都非常省油，是因为日本国土狭小，资源非常有限，用的材料就比较少，要省；而美国车就很费油，因为国土辽阔资源丰富，美国人身高马大都讲求舒适，所以它的设计就非常的费油，但是比较的宽敞，车身做得比较重，主要是考虑一个舒适问题。"这些车的特点和国家及国家的资源、区域环境的关联都非常大。因此，品牌对于原材料的选择能反映出产品来源国对于原材料和环境的重视情况。更有被访者通过产品的原材料品质和产量，感受到国家的人口情况，如被访者 R14 提到，"孩子的奶粉是德国产的。给孩子用的东西，都用德国和日本的。相比之下德国的更好。主要的原因是德国的东西不会量产，因为德国总人口少，产量就不大，质量就会得到更有效的控制，不会因为东西好卖就使劲生产，到最后到处都是，假货也多。

像日本的贝亲奶粉，一开始很好，卖得也很好，然后就量产，然后就出现了很多假冒的"。也有消费者通过品牌的材料反映国家的气候自然环境，如被访者 R13 提到，"北欧和加拿大都有很多世界顶级的户外品牌，为什么呢，主要原因就是这些地方气候比较寒冷，所以做出来的冲锋衣就会很御寒，他们的户外装备能够考虑到各种极端天气，这种气候或许就是北欧或者加拿大常见的气候。而日本的产品可能更注重的是透气性、舒适性，所以用到的面料就不一样。所以我们看户外产品的性能和它用的材料，就能推断出大概是哪个国家的产品"。

（二）品牌文化层面

品牌之所以不同于产品，是因为品牌提供了满足消费者的精神需求、情感需要以及文化和社会认同感。首先，品牌要反映产品的特征，建立在产品的基础上，因为产品是企业的物质提供基础，能够对消费者的需求提供最大化的满足；其次，企业在满足消费者物质需求的同时，还实现了顾客让渡价值最大化，满足消费者心理和情感的需要。艾克（Aaker，1996）认为，产品除了本身包含的有形的实质产品提供功能性价值，还包含了很多无形的特质，如品牌的个性、符号、品牌和顾客的关系、自我表达的利益、情感上的利益、使用者的联想等。[①] 品牌的个性、风格、态度、文化、历史、价值观等为消费者内心提供辨识、差异与共鸣的软性内容，这些是品牌与其他竞争对手差异化的核心部分。[②] 可见，正是因为不仅包

---

① Aaker D A. Managing Brand Equity：Capitalizing on the value of a brand name [M]. New York：The Free Press，1991.

② Van Ham，P.（2001），"The rise of the brand state：the postmodern politics of image and reputation"，[J]Foreign Affairs，Vol. 80 No. 5，pp. 2-6.

括产品的实际使用价值，还能为消费者来带文化、精神、情感、认
同、社会关系等附加价值，才能够让品牌具有忠诚度和无形资产。

消费者访谈的数据和编码都有"品牌文化反映国家形象"这一
范畴，在开放性编码阶段，此范畴内共计获得了四级、20个编码或
范畴的支持，在概念之间一次次的比较与判断后，被判定为核心范
畴，进入选择性编码阶段之后，该范畴获得相关理论和已有研究作
为参照和支持。使用思维导图软件 Mindmanager 2016进行开放性编
码，获得"品牌文化反映国家形象"这一核心范畴，这一范畴包括
品牌的历史与文化、品牌风格，以及品牌的价值观三个主要部分，
对该范畴进行选择性编码截图，发现能够展现与品牌精神和文化相
关的，能够提供给消费者附加价值的内部线索如图10。

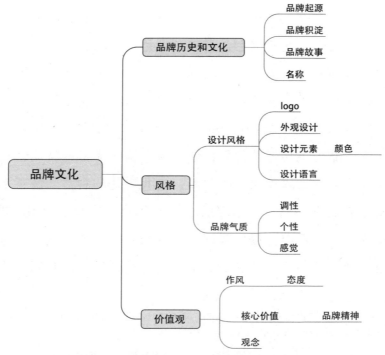

图 10　与国家形象相关的品牌文化要素构成

深访中消费者提及的与国家形象相关的品牌文化内容包含以下三类：品牌风格层面（包括名称、logo、店面、包装等、设计、外观、装饰、元素、视觉形象和风格、感觉、调性、气质等）；品牌历史背景层面（包括历史、文化、传承、故事、传统等）；品牌理念和价值观层面（包括态度、气质、精神、观念、作风、内涵、价值观、核心特性等）。正是这些特质造就了品牌的差异化，使得品牌与其他竞争对手与众不同，也使得品牌能够承载国家的特性。

1. 品牌设计风格反映国家风格

通过产品的包装、设计、外观所形成的品牌的整体形象和面貌，经过一定时期相对稳定的发展，达到形式与内容上的统一，并逐渐成为品牌的内在特质，形成品牌风格。在不需要经过产品体验的情况下，消费者就可以直观地感受到品牌的风格。品牌风格是消费者接触品牌时能够明确感知、又难以用语言来精确形容的特质。消费者在直接接触品牌的第一时间，通常是通过视觉来感受到品牌的设计要素，如品牌的形象与设计，包括品牌的名称、logo、颜色、形状、触感等，之后内化入自己的认知系统对其进行编码。当他们谈及对品牌以上各个要素的观感时，经常会用品牌风格来笼统地表达个人对品牌的整体看法。从学术角度来看，风格是一种表达方式，是一种富有特色的品质或形式。品牌风格的形成本来就与其来源国形象有很大的关系，不少品牌会借助国家形象的相关元素作为品牌风格差异化的特征，并将其作为传播点。因此，消费者能够通过品牌风格感受到国家的风格，这种感性的认知很容易让消费者将品牌与国家形象认知相关联。

例如，品牌的logo与国家国旗元素的一致，对消费者来说，这能帮助他们建立品牌的差异化认知，对品牌来说能借力国家形象的稳定性。消费者国家形象认知与品牌之间，则能够发生关联，将对品牌的相关评价与国家的评价相互转移。被访者 R16 提到，"ABB 会强调自己是稳定的，可靠的。它的 Logo 就是红白，有十字，和瑞士国旗就有接轨，然后瑞士的感觉也是稳定可靠的。"而品牌的名称也能体现国家的风格，被访者 R2 提到，"被上汽收购的名爵汽车，品牌名字都起这样，很有英国的那种贵族感，很英伦。即使并不了解这个品牌的汽车，但是消费者可以从名字上将英伦与英国相互关联，加深认知。"

风格一词源于艺术，指的是不同作家或不同作品的艺术特点的综合表现，美学能够被用来创造某种独特的风格。而品牌的风格，则是对消费者品牌视觉、听觉、触觉等观感的形象产生的一种认知（Bernd Schmitt，1997）。简约或繁茂，刚健或柔美，复古或未来，写实或抽象，消费者通过自我的感觉器官感知到品牌外在或内在的不同的方式的冲击。同样是时装，来自意大利和德国的品牌给消费者以完全不同的感受。被访者 R13 谈到"D&G 品牌最能代表意大利，因为设计中有很多西西里风格的那种大花，还会把一些佛罗伦萨的建筑元素放在里面，就是感觉到意大利的文艺复兴的建筑风格和艺术风格都在服装里体现了"。而 R23 认为德国的 BOSS 之所以是他最喜欢的品牌，因为"服装的尺码都很标准，设计也非常简洁，只要我身材不变，永远买 M 码就很合适"。消费者在购买汽车时通常会考虑其产品性能方面的特征，然而也有消费者通过汽车的设计感受到国家之间不同的风格。R1 说，"德国的汽车在设计上更硬朗、更有现代感，反映德国的工业感和严谨感。而日本的车外形上都比较柔和，反映的是日本的那种柔软。"

西班牙汽车品牌西雅特 Cordoba 进入中国市场时，其运动感和强有力的曲线吸引了大量关注，由于其设计师来源于西班牙，车型在西班牙巴塞罗那附近的 Mamore 西雅特设计中心完成设计，这里的设计师大部分都是西班牙人，因此对西雅特品牌中的 DNA 有更好的把握。也正因如此，这款汽车才能在中国市场上以差异化的异域风格引起关注。

品牌的外在形象、内在理念、行为习惯都可能形成一种风格，然而品牌风格对于消费者的最大作用则是能够让品牌形成与众不同的特质。这种以美学为基础的风格形成，能够帮助品牌提升品牌知名度，使消费者对品牌及其背后的企业形成理性的或感性的联想，使品牌具有差异性。[①] 通过对品牌设计、品牌形象等可见方面的视觉感知，消费者能够对品牌设计风格和形成感性认识和差异化的感受，与他们脑海中国家的视觉风格相吻合。因此品牌的设计风格与国家的视觉风格有一定的相关性。

2.品牌背景折射出国家历史文化

品牌故事与历史是成功品牌不可缺少的要素。一个品牌从创建到成功的发展过程，会受到来自外部环境的社会动荡、历史事件、地理变迁等各种因素影响，而品牌能够所呈现出今天的面貌，则与其经历的过往有关。使品牌成为具有长久竞争优势的品牌，它的传统很重要，而传统需要得到时间的滋养，消费者需要通过时间来认识、购买和使用品牌。时间的积累使得品牌成为他们生活的一部分，并使品牌世代相传（Joseph Benson，2009）。品牌需要时间的历练，而时间赋予了品牌丰富的内涵。在品牌成长过程中，国家作为母体，让品牌随着社会的历史环境变迁而进行孕育和成长，国

---

① 　Bernd Schmitt, Alex Simonson. Marketing Aesthetics：The strategic management of brand，identity，and image [M[.New York：Free Press，1997：80-119.

家的发展历程必然会影响品牌的走向。因此，国家历史与文化中的一些特殊节点，便可能化作为一种印记成为品牌的特质，甚至成为品牌独特的资产；而品牌的发展历程，则能够反映出国家时代的变迁。可口可乐从诞生到发展可以说是一部美国社会的发展史；同仁堂等老字号从创立到发展见证了清末以来的国家命运；法国尚美（CHAUMET）发展历史几乎就是法国宫廷对珠宝的审美历史。小品牌与大国家之间，由于品牌历史折射出的时代烙印，让品牌与国家紧密关联。

消费者如果能够对品牌产生兴趣，关注到其背后的历史故事，则很容易从品牌获得关于国家的历史文化信息。首先，品牌能够反映国家的历史。被访者 R21 谈到："意大利的沛纳海手表自我宣称是二战时期意大利留给世界的唯一遗产。因为这个表是意大利海军的潜水艇军人的专用表，有潜水功能，表冠外面有个很大很夸张的护桥，最初是为了防水的，看起来很另类。虽然现在技术发展了不需要这个设计来防水，但是这个设计保存到了今天，给人的视觉冲击很强，成为品牌的特色。"其次，品牌能够反映国家特殊的文化。日本文化中存在遵从传统又叛逆的双重特性，使得不少日本的品牌设计中具有很强的分裂性，因此产生出 Tasaki 这种运用传统珍珠搭配獠牙的野性大胆设计风格。被访者 R17 谈到 tasaki，"把珍珠做得很野性，有很多小尖牙，打破了珍珠设计的传统观念，让年轻人很喜欢。因为传统觉得珍珠就是优雅，是妈妈级别的、政客级别的，很正式。但是这个牌子就是创意，叛逆，暗黑。这其实符合日本文化中很多暗黑的部分，感觉他们就是有不符合常理的一面。再次，品牌还能反映国家的宗教印记。被访者 R25 谈到认识祖玛龙香水，"就是在商场看到专柜，它有点禁欲系、修道院风，一看就知道挺符合英国人的那种文化。北欧禁欲就是纯粹，英国禁欲就是有点黑暗。所以就是很英国文化的感觉。"

与国家相关的历史与文化通过品牌这种具有实体承载的产品被保留下来，成为见证国家历史文化的一种特殊遗产。对于消费来说，时间和历史不仅是品质的保证和品牌的独到之处，还是其背后国家的厚重历史文化所带给他们的品牌附加值。正是品牌，为他们打开了一扇异国的大门。每个国家和民族都有其相应的文化渊源，这些历史和文化故事未必只能通过媒体和文化形式才能够传播，那些被品牌所保存和传承下来的品牌设计风格、文化内涵，会成为国家历史与文化的另一种诉说方式。对于品牌相关历史文化的了解，也不一定需要购买产品，产生品牌体验，品牌的广告、宣传及人际传播等方式都可以帮助消费者获悉相关内容。

3. 品牌观念对国家精神的体现

品牌的核心价值观不似品牌风格与背景能够被消费者轻易获得。当消费者对品牌的认识层层深入时，能触碰到品牌的核心理念。品牌价值观方面的信息不仅来源于消费者对产品的体验，还需要对品牌创始人、发展历程、价值观等全方面的了解才能逐渐领悟。当消费者非常了解品牌，或者对品牌产生感情偏好时，会更容易了解到品牌的精神和价值观层面内容。对于品牌深入的了解会让他们很快地将与品牌相关的一切信息及时关联。越了解品牌，则越容易了解到品牌背后的国家信息。因此，品牌价值观念有时是国家精神的一种体现。

被访者 R19 对日本品牌无印良品有过多种渠道的了解，他通过无印良品的地平线系列广告及广告背后的故事认识到这个品牌，通过多次购买无印良品的产品，产生了良好的使用体验，之后在阅读无印良品设计师写作的专业书籍时，更加深入地了解到这个品牌的核心价值。他认为："无印良品不像大多数品牌来用 logo 来标识自己，而是用一种'无'的概念，所有的产品展示出来的是同一种风格。所以当你拿到某个风格相似的产品时就会想到是无印良品的。他们的产品品类非常宽泛，但是又能在价值观的层面上统一，这一点是非常难得。日本的任何一个设计师都对于自己的文化有很深认同，文化传承也做得特别好。任何一个日本设计师拿出东西一看就知道是日本的。"日本对传统文化的传承，这种国家的精神理念很值得尊敬。日本有很多知名品牌，然而消费者在接触如索尼、松下、丰田等家电品牌时，可能只注意到产品的质量和性能，并未察觉这些品牌的核心价值与日本的国家精神之间的联系。而无印良品作为一种生活方式品牌，将日式传统美学的价值观念发扬光大，并且在营销传播过程中着重传播这些点，因此，无印良品会更容易地被消费者了解到其品牌核心价值，也更容易地展现日本的国家精神。无印良品的设计师提到，"无印良品的品牌理念有些害羞，有些谦卑"。而很多消费者认为，正是这种"害羞"和"谦卑"代表了日本文化中被广为推崇的一面——宁静、整洁，成为日本最受欢迎的文化输出理念，对展现日本的国家形象传播起到了重要的作用。

2013 年，法国为了提升国家形象，振兴国家产业，启动"法国品牌"战略计划，借助享誉全球的红酒、香水、时装产业，明确了"法国制造"整体形象的三大坐标：激情、视野、创意，将从法国品牌中提炼出的价值观念应用于国家形象的整体定位当中，与"美国梦"和"德国品质"的形象产生差异化。

贾斯帕（Jesper Kunde）在其《公司精神》中提到，品牌文化和品牌精神的形成，是品牌发展的最高目标。在品牌发展中，具有内涵和文化，才可能让消费者产生品牌忠诚度。林（Lynn B.Upshaw）直接将品牌的价值系统作为品牌文化。戴维森（Davidson）在1997年提出的"品牌的冰山"论中，认为品牌的标识、符号等是品牌浮在水面的15%的部分，而冰山藏在水下85%的部分是品牌的价值观、智慧和文化。Interbrand 也将品牌文化分为信仰（Beliefs）、价值观（Values）、规范（Norms）、象征（Symbols）和氛围（Climate）五个要素。[①] 如果要为品牌建立一个金字塔，基底是提供功能性的产品实体部分，中间层是品牌的历史、风格与文化部分，那么顶部则就是品牌的价值观与精神理念，这部分核心内容决定着品牌的行为表现与发展。

（三）企业组织层面的建构

企业的组织形象是指生产品牌的主体——生产者、制造者的形象价值。主要包括企业的组织文化、员工、创始人、领导人等以及企业的理念、创新能力以及社会责任等。企业的员工、领导人等作为品牌的组织体系成员，隐藏于品牌身后。然而互联网时代信息的公开和透明，能够让消费者获知更多关于品牌组织相关的信息，从而帮助他们进行消费决策和价值判断。消费者谈到的品牌组织相关内容，主要包括服务、企业人员以及企业管理三个层面。

从消费者访谈的数据和编码都谈到某个问题，在开放性编码阶段，本范畴获得了三级共21个编码支持"品牌组织反映国家形象"这一核心范畴，在选择性编码阶段，该范畴又获得了相关理论和已有研究作为参照和支持。因此以形成图11，笔者使用思维导图软件

---

① www. interbrand. com，Aligning your organization and your brand for performance，2001. 3

Mindmanager 2016进行开放性编码获得"品牌组织反映国家形象"这一范畴及对该范畴进行选择性编码的截图,以展现与品牌组织也就是企业相关的服务,企业的人员(包括员工与领导人、设计师等),以及企业的管理制度等内部线索:

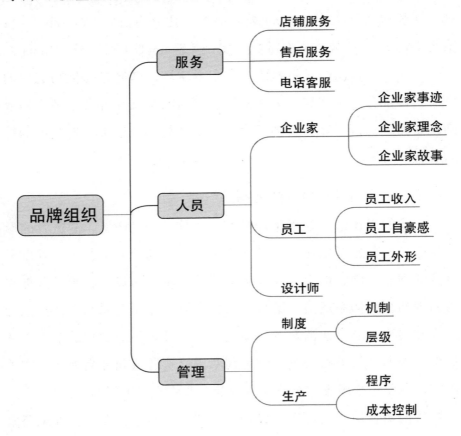

图11　品牌企业组织层面的构成

　　对许多开拓国际市场的企业,他们不仅依靠自己的产品和服务直接接触国外每个用户个体,这些企业作为组织,其组织文化、社会责任,以及组织中的员工、领导者,都是其他国家消费者了解企业来源国形象的窗口。因此,企业以其产品及服务满足消费需求,同时参与国家形象的塑造与传播，成为传播国家形象的重要载体。①
一些研究认为，当企业宣传活动中建立了公司品牌和来源国之间的
联结时，人们对企业形象的评价会迁移到产品的来源国认知。②道
林（Dowling）认为企业形象和国家形象之间存在双向关系，③即企
业形象不仅会受到国家形象的影响，而且它还会对国家形象产生影
响。除了品牌的因素外，企业作为品牌背后的组织，在服务、人员
与管理上，都会不同程度被消费者所了解和接触。而企业作为国家
形象的一个传播主体，则在以下几个方面体现了消费者对国家形象
的认知。

1. 品牌服务

品牌服务是指提供实体产品的品牌在产品出售之前和之后的相
关人员配套服务。服务人员作为企业的员工，能够与消费者建立直
接的人际沟通，并代表着企业和品牌的形象与素质，消费者对服务
人员形成的印象会转化为对品牌的刻板印象，转移到品牌背后的国
家。被访者R4谈到：逛优衣库印象比较深的一次经历是，顾客和
店员吵起来了，觉得是顾客在胡闹，店员挺好的，一直很谦虚地道
歉，一开始还以为店员是日本人呢，因为他还鞠躬，后来才知道店
员其实就是中国人。可见，品牌店员的服务品质及习惯代表的不仅
是品牌，甚至带有来源国国民形象的特征。

电子商务的发展和金融体系的开放，让消费者的品牌接触行

---

① 范红.论国家形象建设的概念、要素与维度[J].人民论坛·学术前沿,2016(4).

② Lopez C，Gotsi M. Andriopoulos C. Conceptualising the Influence of Corporate
Image on Country Image [J]. European ，Journal of Marketing，2011,45(11/12)：
1601-1641.

③ Dowling G R. Creating Corporate Reputations ：Identity，Image and
Performance[M].Oxford：Oxford University Press，2001.

为得以从线下转移到线上，从本土发展到全球。然而，网络购物行为并未减少消费者与品牌服务人员之间的沟通，甚至还拓展了消费者对海外品牌服务人员的接触范围。过去，消费者只能在实体店等销售终端和品牌的服务员沟通，从店员的言谈与行为规范上感知品牌。如被访者 R22 谈到，"香奈儿的店员都有非常好的外表，穿着打扮很精致，很符合香奈儿的气质，也很有法国的时尚风情"。一些跨国品牌，本地的店员还会有品牌来源国的成员。在海淘、代购发达的今天，消费者通过互联网有机会进行跨国产品购买，因此可以直接与品牌所在国的品牌服务人员进行沟通。被访者 R26 提到在国内通过品牌官方网站购买英国本土时装品牌的经历："我曾经在英国买过的一个服装品牌，回国之后想再买只能通过海淘，因为刷的是中国的信用卡，下单总是不成功。打越洋电话过去想让客服帮忙解决，他们说只要是中国信用卡就自动给放到黑名单，怎么理论也不给你原因和解决办法。这个客服人员的态度就是非常英国，语气礼貌但是很高傲，很保守、很封建，英国人的骨子里的骄傲表现得淋漓尽致。"而被访者 R25 在谈到与美国亚马逊的客服沟通时，提到"鞋子给我发错了尺码，如果退回去他们也要承担美国到中国的运费。我跟美国客服沟通说，亚马逊这样的大品牌还发错货让我很失望，然后他们让我免费享有原来错误的尺码，还补发了新的过来。感觉美国人很敞亮啊，完全不在乎这些小钱"。正是对于品牌的需求，让消费者有机会与海外的服务人员进行一对一的沟通，沟通品牌事宜的同时是在与海外国民交流，从而直接地体验到不同国家国民的性格和素质。如果说旅游和出国考察是国民接触他国国民的重要渠道，跨国品牌的服务人员也能够成为消费者了解一国国民性格和特色的窗口。

2. 企业人员

企业家是企业的首席代言人，社会学家戈夫曼认为，企业领导人的表现是一种前台化行为（Entrepreneurial front stage behavior），希望公众看到并从中获得特定意义，通过在台前的一言一行赋予企业人格化的特征。外部受众需要借助品牌信号了解企业品牌。由于信息不对称，企业家前台化行为成为消费者认知和评价品牌的重要信号。通常，企业家的个人前台化行为包括广告代言、大众媒体曝光、出书、慈善活动、自媒体发布以及负面行为曝光，然而由于当下互联网时代信息的即时性与透明性，几乎企业家的一切个人行为都能够作为前台化行为，受到媒体与大众的关注。

企业的员工会受到企业文化以及企业所在国家风格的影响。如日资企业具有明显的家长制，层级森严，因此日资企业员工循规蹈矩却踏实认真；美资企业员工自由度高，因此他们更具有创造力却难以被规则管理；北欧企业注重人性化管理，将安全与程序作为重要准则。消费者会通过一国的企业员工间接地感受到国家的文化。被访者 R5 因为听说了日本企业家的事迹从此改变了对日本的看法："听说北海道有一家牛奶企业，因为收奶时间晚了半个小时，导致流程有问题，顾客喝了之后拉肚子，这个企业的老板竟然自杀了。日本企业家对自己要求都那么严格，说明他们对产品的要求也一定很严格。可见这个国家的严苛，值得尊敬。"另外，企业的领导人是企业的灵魂人物，其一言一行能够代表品牌的立场与态度。品牌来源国还赋予了企业领导人成长的土壤，因此从企业领导人身上也可以折射出国家的经济、制度环境等。

3. 企业管理

通常消费者感知到的是企业的外部形象，如企业的声誉、社会责任等。而企业的内部架构和管理，是企业的内部形象，通常并不是品牌对外传播的素材。信息时代的透明让不少消费者能够通过各种渠道了解到企业的内部情况，包括企业的制度、层级、职能分配等，一些企业会将内部先进的管理理念与运作理念作为案例在专业人群内进行传播。而出于对品牌的兴趣，消费者会通过各种渠道了解品牌背后的信息，自然也会关注到企业所处的国家。

由于不同的国家分布在世界不同的地理位置，经历着不同的历史和生存环境，因而形成了差异化的国家文化。霍夫斯泰德经过大量的研究已经证明，不同的国家，其国家文化在权力距离、不确定性规避、个人主义及集体主义、男性及女性主义、长期及短期取向等五方面存在明显的差异[①]。国家文化的不同必然会导致企业文化的不同，因而各国企业都形成了具有其国家文化特色的企业文化。如日本企业文化表现为终身雇佣制、集体决策制、集体负责制，反映了日本国家家族主义、集体主义的国家文化特质，正如被访者 R19 说的："无印良品请了很多日本的设计师来给他做产品设计，不是一个设计师设计所有的产品系列，但是合作过的设计师的产品都能归为一种标准化。我觉得这个反应的是日本企业管理的理念，一种协同合作的理念。想到小时候大人说的一句谚语，一个日本人是一条虫，但是三个日本人在一起就是一条龙。"美国的企业文化的短期雇佣制、个人决策制、个人负责制反应的是美国国家文化是个人主义、能力主义和功利主义，[②] 美国的快消品品牌较多，注重设计和市

---

① 霍夫斯泰德.文化与组织——心理软件的力量 [M].李原，孙健，译.北京：中国人民大学出版社，2010.

② 威廉·大内.Z 理论——美国企业界怎样迎接日本的挑战 [M].孙耀君，王祖融译.北京：中国社会科学出版社，1984.

场，因此会将设计和营销部分紧紧握在自己手里，而将中间的生产制造部分则分发给全球劳动力低廉的地区去生产。即使是 Made in China（中国制造）的产品，也依然会被消费者认为是美国的品牌，而由于长期使用代工，在质量和细节上缺乏严格的管控，因此消费者会感觉到美国产品的质量粗糙，同时反映了他们的重商精神，不在乎细节。被访者 R19 提到："苹果公司的企业内部设置，设计总监在董事局是占有一席之地的，不隶属于研发或者市场部门，单独享受资金投入，因此其自由度很高。这也从一定程度反映了美国重视创新和设计的自由企业制度。"

（四）品牌推广

企业的品牌营销与推广，是将品牌信息传播给消费者的首要方式。无论是有形的产品性能、质量还是品牌无形的文化价值，都需要依靠品牌推广才能到达更广的受众范围。尤其是品牌的附加值部分，如品牌的历史、文化、风格等，消费者无法通过对产品的体验直接感知，就必须依靠品牌推广来强化消费者对这些方面的认识。所以品牌传播，是在消费者获得直接的品牌体验之前，对于品牌知识的主要来源；也是消费者品牌体验之后，加深品牌印象的重要方法。

企业的品牌传播渠道伴随媒体技术的发展和消费者需求的变化而日益多样，从形式上来看，从线上到线下、从广告到公关，从硬性广告到软性植入、都是企业主以付费的信息来获得消费者的关注。而消费者能够感知到与国家形象相关的品牌营销推广类型大致分为广告、口碑和营销活动等。

在开放性编码阶段，从消费者访谈的数据和编码获得了三级共15个编码支持"品牌推广反映国家形象"这一核心范畴，在选择性编码阶段，该范畴又获得了相关理论和已有研究作为参照和支持。因此以形成图12，以思维导图软件 Mindmanager 2016进行开放性编码获得"品牌推广反映国家形象"这一范畴及对该范畴进行选择性编码的截图，以展现与品牌推广行为有关的，让消费者通过广告、代言人、营销活动感知到品牌信息和品牌价值的外部线索。

　　品牌推广最终是为了获得传播效果，根据传播的过程和消费者接受的心理过程，可以分为三个阶段。第一阶段，品牌的外部信息作用于人的直觉和记忆系统，首先引起的是受众信息量的增加和知识结构的变化，属于认知层面效果。在这个层面上，品牌广告传播的信息都是有选择的，选择什么样的传播渠道，以怎样的内容打动消费者，都影响着受众的知觉和印象。第二阶段，信息作用于人们的观念和价值体系而引起情绪或情感上的变化，属于心理和态度层面的效果，也称为价值形成和维护效果，达到心理层面的效果，不仅需要广告具有更生动、易接受的内容，还需要各种营销传播方式的整合运用，以不断地吸引消费者注意，并让他们的尽量参与到传播中。第三阶段，心理态度的变化通过消费者的言行表现出来，属于行动层面的效果，即社会行为示范效果。消费者在这个过程中会根据个人的喜好和理解，将品牌信息进行加工和记忆，重新编码进入自我的认知体系中。要达到这个层面的传播效果，不仅需要优质的内容、多渠道的营销传播，还需要结合受众的喜好进行反复多次传播。而消费者在这个过程中不仅仅会认识到品牌形象，还有可能会认识到与品牌相关的其它信息，如来源国的国家形象。

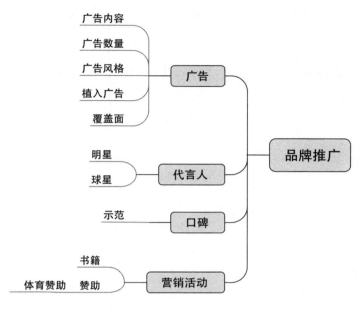

图 12 与国家形象相关的品牌推广要素

1. 品牌传播渠道作为国家形象的触角

品牌在产品主体层面、文化层面以及企业组织层面，都可以承载品牌来源国的国家形象。然而这些形象依然需要以合适的路径从企业传达到消费者。因此，如果说品牌的功能属性和文化属性是建构国家形象的内容要素，那么营销传播则是构建国家形象的渠道要素。

广告仍然是消费者品牌认知的主要渠道。广告作为商品交换的产物，不仅反映商业发展和社会经济发展，更能折射出不同历史时期民族文化的积淀，以及国家的知识、信仰、价值观、社会结构、宗教习惯、风俗以及物质财富。不少学者曾以一定时期某一地区的广告作为研究对象，反映当时的社会发展、民俗风俗、经济状况等情况，将广告作为一种社会镜像。既然能够成为整个社会的反映，广告也能够反映与品牌相关的国家形象。

　　陈培爱（2004）认为，在世界经济一体化的推动下，广告作为一种跨国营销手段的同时，也成为一种全球的跨文化传播行为，广告不仅传播商品信息，也传递和塑造文化。[①]消费者仍然将广告作为他们获得不同国家品牌信息的重要认知渠道，广告频次高的品牌的确更容易被消费者所熟知，比如被访者 R7 谈到"经常在广告里听到'法国兰蔻'，广告的反复播放得知这个品牌来自法国，所以现在提到法国，脑子里就是'法国兰蔻'，感觉兰蔻都快成了法国的一个标签"；被访者 R15 也谈到"耐克的广告风格，处处流露出美式阳光和健康。但是与耐克相比，阿迪达斯的广告就感觉少多了，没什么印象。和美国比，感觉并不太了解德国"。

　　虽然广告传播的渠道伴随着媒介的碎片化发展而日益多样，然而在消费者对于品牌的了解过程中，品牌传播从未缺席过。广告已经打破传统的传播形式，通过对各种文化形式的植入、与文化形成或活动等合作等方式传达品牌信息。在消费者眼中，代言人传播、口碑营销、图书文化营销、事件营销等是他们认为的能够建立国家形象认知的有效品牌传播方式。

　　韩国和美国在企业品牌的商业运作上，非常善于利用其影视剧、综艺节目等文化资源，通过赞助明星等代言人的方式推动本国品牌，让商业与文化相结合。在品牌的推广中反映出国家的文化信息，为品牌注入差异化特性的同时，也在推动国家文化的传播。选择本国的名人代言是一种最为常见的方式，被访者 R8 认为"阿迪达斯每次推出的广告看不懂，但是却非常喜欢耐克的广告风格，其中主要原因之一就是耐克会选择我喜爱的篮球明星，传达乐观和昂

---

① 陈培爱. 广告跨文化传播策略 [J]. 东南学术，2004（增刊）.

扬向上的健康的理念"。

当下，品牌相关的书籍不仅是商业案例，更是最能深入讲解品牌发展历程和理念的方式之一。因此，不少知名品牌自身的创始人和设计师通过大量的出版物，以文字内容输出，表达品牌的价值观念的同时，让消费者通过这些内容感受到他们背后的国家文化或体制。例如被访者R19谈到"对苹果和企业管理机制所折射出的美国的经济体制，都是通过《乔布斯传》获得的；也有消费者能够通过无印良品设计师的书籍，了解到无印良品的品牌理念以及日本对于国家传统文化的态度"。

除了来自广告主的传播，消费者之间的口碑传播则更容易被大众接受。消费者良好的品牌体验会使他们自愿承担品牌的传播责任，为品牌打造好口碑影响更多消费者。而在广告效果逐渐被各类营销传播方式削弱的今天，来自人际的口碑传播效果是更为理想的，它代表了消费者对于亲近关系的信任，同时也能够更有效地传递品牌信息。例如，被访者R10提到，"虽然自己没有真的觉得德国的东西能好到哪里去，但是长期的口碑放在那儿，肯定是有道理的，产品质量严谨，德国人严谨。"而被访者R18在决定购买斯柯达斯蒂亚克汽车之前，也是参考了大量来自网络车友和亲朋好友的口碑，才了解到"虽然是个东欧品牌，但是能够被德国大众收购，因此也是值得信赖的"。

任何一个市场上具有影响力的大品牌，想要维持长期销售额，必须维持在消费者视线内持久的曝光度。因此，品牌的营销传播工作是一种日常性的频繁的活动。因此，借力品牌传播的内容传递国家形象，极大地增加了国家形象的曝光率。加之品牌传播的接触点非常广泛，与消费者日常接触紧密，使得品牌信息成为消费者能够接触到的最为大众化的信息渠道。借用这种渠道的文化传播其辐射面则远比国家形象的其他渠道覆盖面广泛得多。

2. 传播内容作为国家形象的映射

消费者能够通过品牌传播的内容感知到品牌的来源国形象，或者将广告中的品牌形象与脑海中的国家形象相关联。

在当下的品牌传播中，对于大众化的产品传播仅仅进行一般性的功能诉求已经无法吸引消费者的注意力，必须通过差异化的手段让品牌具有独特的价值。在很多品牌广告中，广告商不再追求对于产品本身性能方面的宣传，而是注重对品牌的传播，在广告传播中常常会引入各种诉求方式，给品牌广告注入一种不同于同类产品的风格，并且长期坚持一种传播风格，以在消费者心目中形成差异化的形象和记忆。例如麦当劳的广告总是在强调"欢乐"，无论从音乐还是广告中的场景、色彩，整体都洋溢出快乐的气息；英国百货公司 Jonh Lewis 强调礼物带给人的温暖感，因此每年圣诞节都推出充满着英式精致的温暖治愈系广告片。被访者 R14 注意到，"有些品牌的广告不是针对产品的，是品牌的。比如，西门子也会有这种广告，没说具体的产品，但是有个感觉就是这个品牌是个祖母级的品牌，有很多历史积淀，非常可靠。造型简约大方，给你的感觉就是简单实用。西门子和德国的国家形象有点像，因为它的广告有点冷淡风，不会很热情，不像意大利给你的感觉，有一种很严谨的感觉，有点酷，有点距离感"。广告的风格带给消费者的感受会与品牌来源国带给消费者的感受非常一致，从而唤起他们内心的共鸣。

另外，一些消费者面对卷入度比较高、价格昂贵的产品时，对品牌的偏好已经从产品功能层面转向品牌价值，追求的是情感上的认同和品牌赋予消费者的角色认同。因此，品牌的起源、历史脉络、附带的文化烙印与传统沉淀反而成为消费者所重视的要素。这些品牌背后的历史和文化价值能使他们将品牌与其它同品类品牌区隔开。被访者 R5 就注意到"这几年欧洲的奢侈品广告越来越多，但是内容跟以前不太一样了，广告中更注重讲这个品牌背后的细节、品牌发展的历史、发展中的故事，而不是像以前一样简单地打造几个特别美的场景然后秀产品"。

不同国家的广告风格截然不同，广告的内容风格是不同国家文化差异、民族特质以及审美的不同体现。例如，美国的广告习惯开门见山地明确提出"主张"，也就是直接宣扬自己产品的特点；而日本的广告更多强调"白描"，以平淡的语言进行一种描述，不会直接对某种商品进行介绍，与商品的关系较为薄弱，更愿意采取一种"旁敲侧击"的方法，通过"第三者"从侧面对商品进行间接的广告宣传，并且感性的成分较多。在日本这种东亚文化影响的高语境传播特征下，受众自身的理解和领会更为重要。日本与美国不同风格的广告，正是反映了日本人细腻的思维方式与"和魂洋才"的文化继承方式。[①]

广告是艺术与商业的融合，是文化延伸出的一种结果，其本身就是一种文化行为，带有深刻的文化烙印。无论广告活动还是广告作品，都能够在不同程度上呈现出不同国家的文化特质、生活观念、价值取向、文化观念等。由于广告的双重属性，它一方面蕴含着人类智慧，具有文化的范畴，另一方面又是商业文化和消费文化

---

① 许峰．中日广告的文化差异 [D]．北京：对外经济贸易大学，2007.

的重要内容，属于社会文化的一部分。广告不仅蕴含着丰富的文化价值，而且能够凭借着强大的传播力，成为文化传播的重要载体，一旦传播出去，就能够将很多信息、知识、观念传达给受众。[①] 品牌的众多推广方式中，尤其是广告，在很大程度上依赖于特定的文化背景，广告文化需要适应本民族、本地区、本阶级人们的观念形态，影响着消费者的购买行为和信息接收与解码的行为。

广告与消费息息相关，因此，它既是一个国家商业文化的表现，又是大众文化的表现，成为社会文化的重要组成部分。作为商品经济社会发展产物的广告，不仅承载了各种经济信息，还能够展现出一个民族、一个国家的文化精神。

（五）品牌能力

品牌能力是品牌达到某种目标的能力，在经济学中被称为绩效，是工作的产出成果或结果。[②] 通常品牌的管理者或者研究人员会将品牌能力作为评估品牌资产和品牌实力的重要指标。然而对于消费者来说，品牌是解决他们实际需求的工具，他们追求的是品牌本身的价值。然而随着经济的繁荣，能够满足他们需求的品牌众多，他们有非常丰富的选择空间。这时，品牌能力较高的品牌更容易在消费者心目中占据更有利的位置。

在品牌研究方面，不少学者都以二分法来表现品牌能力。例如，艾克（Aaker）等人认为，品牌溢价和市场份额是强势品牌的

---

① 宋美爱. 关于韩中广告语言的考察 [D]. 上海：复旦大学，2008.

② Hagius L. R.& Charlotte H. M. Characteristic, Beneficial, and Image Attributes in Consumer Judgments of Similarity and Preference[J]. Journal of Consumer Research, 1993（20）：100-110.

两个突出特征，也是品牌绩效的两个核心内涵（Aaker，1996）[①]。品牌溢价是指消费者认为品牌具有特殊价值而替代品牌无法提供而愿意支付更多的溢价（Reichheld，1996），[②] 独特的品牌价值来源于品牌信任或者良好的品牌使用效果，品牌溢价则来源于消费者的品牌忠诚；而市场份额则主要表现在品牌竞争力方面。艾克（Aaker，1991）认为，品牌竞争力是品牌拥有的区别于其他竞争对手，或者先于其他竞争对手的独特能力，企业拥有的塑造强势品牌并支持强势品牌持久发展的能力。凯勒（Keller，2003）认为品牌竞争力分为市场指标和顾客指标，市场指标是指市场占有率、利润率、扩张潜力，而顾客指标是指知名度、美誉度、忠诚度。龙成志（2009）认为，品牌能力是对企业或品牌经营机构在一定时期内品牌经营行为达成目标情况从过程与结果两方面进行评价的综合性指标。[③] 既应该包括品牌最终目标的达成情况，如市场占有率、品牌利润率、内部收益率等结果性的指标；也包括消费者满意、品牌认同、品牌忠诚等可以反映目标达成的过程性指标。

在开放性编码阶段，从消费者访谈的数据和编码中，本范畴获得了两级共6个编码谈到"品牌能力反映国家形象"这一核心范畴，在选择性编码阶段，使用思维导图软件进行选择性编码的截图，以展现与品牌能力有关的，反映品牌在市场和消费者心目中地位的外部线索，并且根据已有的文献内容研究和消费者深访中提取的编

---

① Bello D. C.&Holbrook M. B. Does an Absence of Brand Equity Generalize Across Product Classes?[J]. Journal of Business Research，1995，34（October）：125-31.

② Reichheld F. F. The Loyalty Effect：The Hidden Force Behind Growth，Profits and Lasting Ualue[M]. Boston：Harvard Business School Press，1996.

③ 龙成志.消费品品牌形象的绩效路径研究 [D]. 广州：华南理工大学，2009.

码，将品牌的能力划分为品牌凸显性和品牌强度。品牌凸显性着重强调品牌的市场情况，即品牌在市场竞争中与同类竞争对手相比的地位，包括市场份额、占有率，以及消费者使用的频次等；而品牌强度是品牌在消费者心目中的地位，表现为品牌的忠诚度、独特性、溢价能力等。如图13所示：

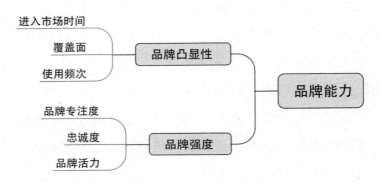

图13 消费者心目中与国家形象相关的品牌能力构成

1. 品牌凸显性

品牌凸显性（brand salience）表示品牌在市场的占有份额，知名度高、影响力大、覆盖面广则表示品牌凸显性高。凸显性高的品牌在各种场合被消费者提及的频次高，品牌信息便于消费者从记忆系统中提取，因为在同类品牌中，凸显性高的品牌线索最多，容易被激活并赢得消费者的好评。如果品牌的凸显性不高，消费者很难提取出该品牌的相关线索，难以将其纳入购买的考虑范围，顾客会逐渐流失。

因此，进入市场的时间较早的品牌，更容易被消费者所熟悉；覆盖面广泛的品牌能够辐射到各类人群；使用频次高的品牌会让消费者反复购买。对于这些凸显性好的品牌，消费者对其比较熟悉，在选择中未必会投入过多的精力，但是品牌客观存在的与来源国相关的信息以及与国家的关联程度，依然会被消费者注意。例如麦当劳、可口可乐其辐射范围遍布全球的各类消费者，所代表的美国大众文化，就能够被更广泛地接受与传播。当中东地区的青年因为种族和战争等问题对美国充满敌意时，却很难不去接受一听可口可乐带来的清凉口感。然而可口可乐品牌中所附带的美式的价值观与生活方式，那些从可口可乐红色包装、独特口味、欢乐的广告甚至产品的管理方式中透射出的倡导自由、轻松、休闲、快乐的美国价值观念便这样通过可乐缓慢而无形地渗透到消费者的意识中。被访者R13认为，"星巴克是最能代表美国的品牌，因为它把咖啡文化也做成了类似于快餐一样的美式大众文化，将其遍布全球。"被访者R22认为，"快消类产品的品牌的影响力广，受众群从小孩到老人，品牌的购买频率高，使用的频率也高。只要人们日常生活接触得多，品牌做大了，那么自然就能代表那个国家。像麦当劳、肯德基，连小孩都知道，其实消费这些产品就是在接触美国文化。"

品牌足够强大，才能将国家形象的触手伸展得更广阔。而对外输出品牌数量有限的国家，缺乏了获得大众认知的重要渠道。被访者R9聊到很多熟悉的国家之后，问及他对荷兰、西班牙等国的印象，他认为"这些国家的知名的产品（品牌）比较少，日常接触的少，就没有那么多可以谈的素材，比如对西班牙的了解只有足球"。

品牌凸显性体现出消费者认知和接触到品牌的可能性，这种可能性一方面来自品牌建设渠道的能力，即产品的分发，让自己的品牌建立更多的分支机构，到达更多的市场，传送到更多的消费者手中；另一方面是品牌传播的能力，品牌的信息通过广告和营销的方式让更多大众了解。大众对品牌认知和体验的机会越多，品牌才有可能具有更大的影响力，在更大的范围内传播品牌国家的相关信息。

2. 品牌强度

品牌强度在本文中的定义是品牌在消费者心目中的占有率，当品牌在消费者心目中比较重要时，则可能对与品牌相关的信息产生连带反应。在一个相互关联的系统中，一个初始变量的变化可能会带来一系列的连锁反应，从而引来较大的整个系统的变化，包括好感的扩散。消费者对品牌的好感可以增加其对品牌所属国的好感，进而提升该品牌所属国在消费者心目中的形象。在品牌认知和决策的过程中，品牌自身的故事、企业家的理念和形象、企业的声誉可能都是消费者看重的要素。个体消费者对品牌的知晓、熟悉、体验与好感，会将这种对产品自身的评价迁移，关注到品牌的来源国。王晓璐、孙卫华（2012）认为，当消费者对产品品牌产生良好的印象时，消费者对品牌所属国的印象也会随之提升。[①] 而当消费者对品牌的认知不断内化，甚至对品牌产生情感时，可能会对品牌产生一种爱屋及乌的溢出效应，他们会把对品牌的喜好转移到与品牌相关的一切，甚至是品牌所在的国家。例如，被访者 R8 觉得"谷歌这个公司是'人类的未来'。看过谷歌财务报表，觉得这个公司确实很厉害。全球十大首富里面，谷歌占了两个。谷歌就像空气，无处不在。消费者与品牌之间的关系发展到信任、偏爱甚至崇拜时，他们对于与品牌相关事物的判断不再启动理性的判断机制，而是会使用感性的判断机制，将与品牌相关的一切与品牌归类，使得品牌具有很大的溢出效应。被访者 R23 将对宝马的钟爱转移到对德国的喜爱上，他说："我一直比较钟爱宝马，觉得宝马特别纯粹，它营造的氛围是有汽车本身的质感，有机械感，技术含量特别高的，不那么

---

① 王晓璐，孙卫华. 产品品牌与国家形象传播研究 [J]. 新闻知识，2012（3）：6-7.

强调舒适性，感觉很纯粹。我喜欢的品牌都是干一件事情的，专一很重要。对宝马就是爱屋及乌，因为产品体验好，才会同意他的态度、观点，才会对德国的很多产品有兴趣，感觉德国整体是个很纯粹的国家。"

当品牌能够为消费者提供超出预期的价值，消费者对于品牌产生喜爱之情，品牌在消费者心目中无法以其他品牌去替代，消费者对品牌具有极高的忠诚度时，会为品牌支付更高的价格，付出更多的精力。对于这样的品牌，消费者才更可能产生情感转移的溢出效应。然而，能够在消费者心目中占有极高的、不可替代位置的品牌非常有限，并非是一种普遍状况。

（六）品牌属性

消费者对于一些卷入度不高、价格低、感知风险较少的产品，不会投入大量精力或者花时间去了解品牌背后的文化及故事。一些价格较为昂贵，或者涉及饮食和原材料，或者是外显型炫耀型产品时，消费者在购买过程中投入的精力和的重视程度比较高，品牌相关的信息更容易得到他们的重视，这样品牌的来源国信息也会随着消费者对品牌的信息搜索而被关注。

通常来说，品牌的来源国信息会影响消费者的产品选择，并且这种影响在不同产品的种类上差别较大。不少学者研究中发现，不同的产品类别对消费者的购买决策中能够对产品的态度有较大影响（Nagashima，1970）。消费者对某一国家全部产品类型的评价与其某些特定品类产品的评价有显著的差异（Etzel and Walker，1974）。研究指出，消费者对产品质量的判断会因产品种类的不同而使用不同的产品属性来作为产品评价的依据（Thako and

Katsanis，1997）。产品类型对于消费者的品牌形象认知具有显著的影响作用（Batra and Home，2004）。既然消费者在品牌选择时会受到产品属性和类型的影响，那么在这个过程中，品牌所体现的价值也会与品牌属性相关。

产品类型是根据产品的功能、所提供的利益以及使用情境等对产品所做的分类。消费者通过对品牌的不同属性能产生感知，包括产品所属的类别，产品在消费者心目中的形象，性价比，同时也包括产品的使用场合、尺码等不同属性。这些属性的可能非品牌自身所有，不会根据自身的性质变化而变化，而是根据市场和消费者情况改变的。

在选择性编码阶段，从消费者访谈的数据中获得了两级共8个编码都涉及"品牌属性反映国家形象"这一核心范畴，主要包括消费者的形象、产品的性价比、产品类别以及产品适用性几方面，以思维导图软件 Mindmanager 2016进这一范畴及对该范畴进行选择性编码的截图，以展现与品牌类型、适用性、使用对象相关的外部线索，形成图14所示：

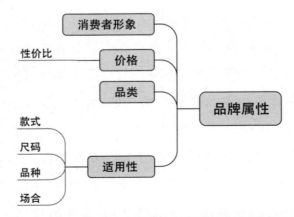

图14　消费者心目中与国家形象相关的品牌属性构成

消费者对于不同类型品牌的关注度与其代表的与国家间的关联程度不一。大宗类消费产品，因为是批量全球化生产，因此产地与品牌来源国并不是同一个国家，品牌自身的作用力大，与来源国形象关联不大。因此这类产品消费者在考虑时不会将来源国要素作为考虑因素，但是其本身的来源国信息依然会反映国家形象。而一些纯手工的、高级的奢侈品，价格比较昂贵，这种产品的文化附加值比较高，品牌与国家文化之间可能会有比较密切的关联；来源国形象的影响本来就存在，消费者对于品牌周边信息的关注更多，所以品牌与来源国之间的联系更为紧密。另外，食品、化妆品等与原材料相关的品牌，如荷兰的奶粉、西班牙的火腿，产品本身是国家的特产。原材料的产地会决定产品的质量，消费者会考虑来源国信息，同时也会在品牌中感知到来源国的国家形象。卷入度比较高的、与人体接触的产品，如婴儿用品等，由于注重产品的安全性和可靠性，所以会选择比较信任的品牌，而这种信任感恰恰会与其国家的国民性、风格相关。外显性产品，如汽车，品牌的选择是对个人在社会中自我身份的认同，不同国家的品牌能够标榜出个人的品位和审美，阶级与地位，因此与品牌与国家之间的关联度较高。

消费者越来越敏感，对于来自各国的产品特色熟稔于心。他们能够通过一些产品的适用性，如穿着的场合、尺码、款式等，感觉到品牌与国家之间的联系。例如，在服装上，欧美品牌的尺码普遍偏大，反映出欧美人的身材高大，而日韩服装尺码偏小，反映日韩国家人的身材娇小；在适用场合上，美国的服饰更适用于日常穿戴，体现的是美式休闲风格和美国的舒适文化，而法国和英国的服饰品牌更适用于正式场合，体现的是欧洲贵族的精致。

二、消费者国家形象认知的形成

（一）国家形象要素的概念化提取

通过品牌的各个要素，消费者能够从中认识到品牌背后的国家形象。虽然是从消费者的角度来构建国家形象，对于国家的认知都与品牌相关，但是却也能够涉及国家形象的各个层面。例如无印良品的设计不仅能够反映日本的设计理念，还反映日本对传统文化的尊重；奥古斯塔摩托车不仅体现了意大利发达的摩托车制造产业，更能反映意大利的工业设计能力；Haglofs品牌的户外装备不仅体现了北欧气候的寒冷，还反映出北欧人民热爱生活的国民性格……消费者在品牌视角下所认知的国家形象，是通过品牌的各个要素所展现出来的，国家形象也具有丰富的构成。本研究将消费者谈到的与国家形象相关概念进行编码后形成35种概念，划分为10种初始范畴。而他们谈到的每种国家形象相关概念，都是通过品牌的要素所关联到的，因此，将国家形象相关要素构成以及与之具有相关性的品牌要素进行归纳如下表：

表格4　消费者通过品牌感知到的国家形象要素构成初始范畴[①]

序号	初始范畴	概念	产生国家形象概念对应的品牌要素
1	国家精神	国家精神（2）	品牌理念（1）、品牌核心价值（1）
2	国家历史	国家历史（12）、传统（3）、传承（2）、宗教（2）	产品功能（3）、产品做工（3）、品牌故事、历史（6）、产品技术（1）、产品性能（1）、品牌价格（2）、品牌的属性类型（2）

---

① 括号中的数字代表被访者提及的次数。

续表

序号	初始范畴	概念	产生国家形象概念对应的品牌要素
3	国家文化	国家文化（16）、商业文化（2）、传统文化（3）	品牌设计（7）、品牌文化（4）、营销推广（3）、产品质量（4）、品牌风格（2）、企业员工（1）
4	国家风格气质	风格（26）、气质（1）、整体感觉（1）	品牌设计（11）、品牌风格（15）、品牌广告（3）、企业员工（3）、品牌名称（1）、logo（1）
5	国民性	国民素质（5）、国民性格（4）	产品做工、工艺（4）、品牌属性尺码型号（2）、产品的功能、细分（2）、产品设计（1）、产品服务（1）
6	国家政策形象	机制（1）、体制（2）、制度（2）、创新（1）、活力（1）、态度（3）	企业领导人（3）、品牌管理（2）、企业制度（1）
7	国家产业形象	传统产业（1）、工业制造（2）、相关产业（2）、行业标准（3）、优势产业（1）	产品质量（3）、产品性能（2）、品牌设计（1）、企业员工（1）、企业领导人（1）、产品技术（2）
8	国家经济实力	经济（2）	品牌类型（1）、产品质量（1）
9	国家技术形象	知识产权（1）、技术（1）	品牌技术（2）
10	国家自然形象	国家气候（2）、自然条件（2）、资源（1）、环境（1）、人口（1）	产品性能、功能（2）、产品性价比（1）、产品材质（2）、产品原材料（2）

（二）消费者通过品牌建构出的国家形象

结合文献研究中对于国家形象构成要素的分类，将消费者深访内容编码后形成的10种初始范畴进行主范畴归纳，国家形象构成要素可以归纳为以下内容。

表格5　消费者通过品牌感知的国家形象构成要素

主范畴	初始范畴	代表意义
硬形象	国家产业形象	品牌所体现的国家的优势产业及发展程度
	国家经济实力	品牌所反映出的国家经济实力
	国家技术形象	产品技术所体现的国家技术优势
	国家自然形象	产品性能、原料所反映出的国家地理、人口、自然、资源等特征
软形象	国家核心价值	品牌核心价值映衬出的国家精神、核心价值观念
	国家历史与传统形象	品牌的产品做工、技术等反映出的国家历史形象
	国家文化形象	品牌历史与背景反映出的国家文化
	国家风格气质	品牌风格反映出的国家的风格
	国民性	品牌服务、产品细节所反映出的国民素质、国民特征和习惯等
	国家政策形象	企业品牌所反映出的国家体制、政策、社会结构、社会氛围

　　国家形象是社会公众对于国家客观存在的总体认知，而消费者是社会公众在面对商品消费过程中的角色，品牌是他们感知国家形象的中介。国家形象被消费者通过品牌认知和品牌体验得到的展现，虽然不能够代表国家形象的整体的全貌，但是与电影、电视剧等文化形式、大众传媒的媒体形式作用一样，品牌也是一种建构消费者国家形象认知的渠道。如，消费者通过一些零星的媒体报道感知到荷兰是一个"灯红酒绿"的国家，却通过荷兰的新兴设计品牌感受到这个国家在设计方面的能力。品牌与媒体、文化共同构建出国家形象的不同维度。大众媒体建构出的国家形象可能较为

宏观或全面，而品牌所折射出的国家形象可能会更加贴近消费者的日常生活。

　　将深访中消费者提到的品牌与相关的国家形象认知进行一一对应，不同的品牌要素能够与国家形象构成的要素相对应，根据消费者提到的二者间的对应关系可以发现，消费者会将品牌的类型、质量与国家的经济实力发生联系；将产品的性能、性价比和材质与国家的地理自然资源发生联系；将产品的性能、设计、质量、员工和领导人与国家的产业实力发生联系，将产品的技术与国家的技术实力发生联系。可见，品牌的诸多要素都能够反映国家的产业、经济、技术等硬实力形象。另外，消费者能够将品牌的设计、风格、文化、推广、质量、企业员工与国家的风格和气质相关联；将产品的技术、功能、属性、价格、做工、性能、历史与国家的历史与传承相对应；将企业的领导人、企业的政策制度、生产管理等与国家的政策相关联；将品牌的核心价值与品牌理念与国家的精神相关联；将产品质量、品牌风格、品牌设计、推广、名称、员工与国家文化相关联；能够将品牌的产品做工、功能、设计、属性和服务于国家的国民性格相对应。因此，品牌的各个要素能够除了反映国家的硬实力，更多的是能够与国家的软形象产生关联。具体对应关系可见下图：

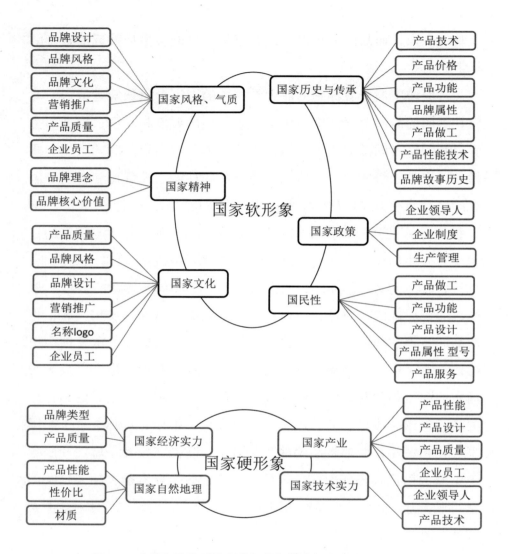

图 15　消费者感知到的品牌要素与国家形象要素对应关系

通过消费者对品牌构成要素的感知和与国家形象之间的关系，能够反映出一些特点。

1. 品牌能够体现丰富的国家形象

传统意义上，品牌在产品方面，尤其是产品的技术、性能、质量、设计、材质等方面反映的是国家的技术能力、产业发展水平以及经济能力，应当代表的是国家硬实力方面的形象。然而在消费者眼中，品牌在产品方面的硬指标，如产品的做工、设计、功能却还能反映出国家的国民素质以及国家的历史与传承等国家软实力方面的形象。

消费者与产品之间的关系不仅仅是金钱与货物的简单关系，按照马克思、鲍德里亚的说法，消费者购买商品，会获得使用价值之外的价值，包括身份的建构和文化认同，因此品牌能够为消费者带来更多意义。在图15中，属于国家软实力方面的国家历史形象，是通过消费者对品牌的技术、做工、功能等产品使用价值方面的要素所感知的；国家的国民形象，是消费者通过对产品质量、性能和服务的感知所建构的；国家的文化形象，则是通过品牌的风格、设计感受到的。正因为消费的意义不只是人类生存的满足，而是对于美好生活的向往，消费是推动社会经济发展和人类不断进步的重要动力，才使得品牌的价值与意义不断提升。消费者越来越从良好的品牌体验中感觉到生活品质的提升和自我身份的不确定。品牌承载的不仅仅是产品层面的功能利益，更有文化和社会层面的意义。因此，品牌的意义不仅是对于国家硬实力的提升，还有对于国家软实力的建构。

2.品牌认知能带来国家形象概括性的认知

即使没有进行深入的品牌体验，消费者也能够从对品牌的初步了解中感受到国家形象。前文分析过，消费者通过对品牌风格的了解，感受到相应的国家风格；通过对品牌背景和历史文化的了解，了解到国家的历史文化。而品牌的风格、历史、文化多来自品牌推广，如广告、活动营销、代言人传播以及人际的口碑传播等。消费者不必亲自接触品牌，就已经可以通过视觉、听觉形成对品牌的初步认识，感受到与国家形象之间的关联。

然而，品牌的初步认知带给消费者的也是关于国家形象的概括性认知。如被访者 R18 通过英国 Clarks 牌鞋广告中的雅皮士形象感受到英国的雅皮风。然而由于没有实际体验过品牌，也没有对雅皮文化进行深入的了解，那么他对于品牌和英国国家形象中的"雅皮"都仅仅是概括性的认知。被访者 R7 谈到日本和欧洲的化妆品品牌时，认为"日本品牌反映了日式的小清新、简洁"，而欧洲品牌更能反映出法国、意大利等国家的文化底蕴，有工匠感和文化中有的坚持和骄傲。由于都缺乏对品牌的体验，所以消费者对于这几个国家的形象也停留在概括性认知的层面。

对于消费者没有经过亲自体验的品牌，品牌信息的获取渠道基本来自品牌的广告传播、网络社交渠道和口碑传播，虽然缺少了来自体验之后的一手资料，但通过对品牌信息的解码也能够间接地感受到国家形象的概貌。

3. 品牌体验能带来国家形象更细致和稳定的认知

获取认知的渠道包括社会学习和体验。消费者亲自前往某国的亲身经历能为他带来更为真实、细致、直观和全面的国家形象认知，因为认知经验的获得来自体验，体验能够为消费者提供真实的情境、加深记忆。而对于大部分无法亲自体验他国的消费者来说，只能通过各种信息的社会学习来得到国家形象的认知。

对于品牌的体验也是一种个人的经历，对品牌的使用体验能够加深和细化他们对国家形象的认知。在对深访内容的梳理中发现，消费者通过品牌广告、营销和口碑传达所获得的品牌信息，感知到的国家形象更为概括和宏观，多数是对于国家整体状况和硬实力的粗略描述；而通过购买、使用而获得实际的品牌体验之后，能够感受到产品的做工是否精致、性能是否稳定、材质是否舒适等，产生对于品牌更细微和真实的体验，而这些体验的细节，也能够帮他们认识到国家形象中更为详细和具体的部分。

只有当消费者与品牌真实地发生关联时，才能将品牌与自身相联系，让品牌成为个体的一部分，更加投入地参与其中，感受到更为具化的细节。社会心理学中的认知净化（Clarification of Knowledge）概念，就是指个人的事件因为自我参与会变得更清晰、更独特，因为增强了人们准确报告他们的能力（Gibbon et al，1979）。所以一旦消费者有了品牌购买和体验行为之后，与品牌发生了联系，让消费者与品牌和与之相关的国家产生了一种个人化的关联，在这种一对一的关系中，消费者对于品牌的体验所形成的国家形象的认知是真切的，个人化的，与来自媒体报道、营销宣传甚至人际传播中的"听说"不同，这种认知完内化成为消费者个人的体验，是消费者所独享的。

因此，通过品牌体验所感知到的国家形象，是品牌及国家与"我"这个独一无二的个体产生的独特而紧密的关联，具有不可替代性。品牌体验带给消费者的国家形象认知，与媒体、文化活动、大事件等形式相比，更具有独享性，更容易让消费者产生印象深刻的记忆，也会更加稳定和难以改变。

第五章 品牌建构国家形象认知的机制

在消费者视角下，品牌的许多要素都与品牌所在的国家形象有非常紧密的关联。然而，消费者是如何通过那些品牌要素来建构他们对于国家形象的认知的，消费者对国家形象认知建构的心理机制是如何运作的？这个过程的机制模型如何？本章内容通过对消费者心理机制的分析来分析品牌所建构出的国家形象认知。

一、品牌建构国家形象认知的心理机制

在消费者认知视角下，品牌的内部和外部要素被逐一拆解，与国家形象的各个构成要素相互关联。然而，很多情况下消费者并不能够明确表达出是品牌的哪种要素建构了国家的哪种形象，或是国家的某种形象导致了消费者对品牌要素的看法。因此，在品牌与国家形象认知二者间建立了相关性之后，还需要进一步探究品牌与国家形象认知形成的逻辑关系。即证明消费者会因为对品牌的认知、理解、态度与情感而形成他们对国家形象的认知、态度和情感。在品牌建构国家形象的机制中，消费者是国家形象的认知主体，国家

形象是认知对象，而品牌则是刺激物。刺激物的出现，让认知主体会对认知对象产生不同的心理机制反映。

（一）品牌对国家形象的认知补充

新闻媒体、人际交流、文化内容等各类不同传播形式都能为社会大众带来各个国家的客观情况，其中一些传播内容会根据消费者个人的理解与认知基模，内化成为他们所理解的国家形象。由于国家形象的多面性和复合性，社会大众对于国家形象的认知也会具有不同的角度的描述，例如，在消费者对品牌形象和国家形象认知的调查中，32.7%的被访者用"浪漫"来描述法国，可见认知主体可以以国民风格角度来描述法国国家形象认知；35.8%的被访者以"普京"来描述俄罗斯，可见认知主体是以国家领导人视角描述俄罗斯国家形象认知；而25.6%的被访者以"汽车"来描述德国，可见认知主体可以以产品角度来产生德国国家形象认知；18.2%的被访者以"宜家家居"来描述瑞典，可见品牌是被访者对于瑞典的国家形象认知描述的角度之一。认知主体会以不同层面、不同的视角、多层次而复杂的体系来描述他们对于不同国家的认知，如同一国的风格、领导人、气候、地理环境、经济发展、社会秩序一样，品牌本身就是国家形象的客观构成要素之一。品牌的发展程度能够反映国家贸易进出口能力和经济的发展，最直接的作用就是反映国家相关产业的发展程度。

通常对于普通受众来说，描述一国的国家形象认知首先会从宏观的、系统的角度着手，如国家的政治、经济、历史、地理、气候、政治环境等方面，而当品牌这个线索被引入后，消费者会意识到品牌本身是国家形象的构成部分，品牌为他们开辟了认识一个国家认知的新角度、建立了新的认知路径。同时又因为品牌与大众的日常生活息息相关，因此从品牌为他们提供了贴近生活的、可以谈论的素材，并建立了他们对国家形象的认知依据。如被访者 R17 谈到，"排开政治主张，对日本的认识，觉得还是很好。现在接触到很多电影、文章，还有 mikimoto、tasaki 这几个喜欢的品牌，让我对日本有了比较全面和多元化的认识，那种工匠精神，把事情做到极致的感觉现在认识比较深刻。"可见，R17 对于日本的国家认知，首先是从政治主张方面的了解，而品牌是她认识日本的另一个渠道，是品牌让她对日本有了多元化的认识，了解到了日本的工匠精神。对于被访者 R25 来说，她通过 Tip Toey Joey 和 Melisa 两个鞋类品牌认识到，巴西除了是南美洲的一个国家之外，还擅长生产鞋类，那么"鞋品牌不错"就会成为对巴西国家形象认知整个体系中的一个标签。

　　品牌成为消费者建构国家形象认知的一种新的渠道，消费者将品牌的信息与国家形象关联起来，进而将品牌内化成为自我对国家认知知识体系中的一部分，或者是将品牌作为他们对于这个国家形象认知的一种谈资和某种观点的证据。例如，被访者 R23 谈到，自己在日本和德国的公司工作过，"我接触的品牌几乎是和我的人生经历有相关性的。这些国家的经历和我的经历相关，我就会更加去了解那些国家的品牌，这样这些品牌的信息和与品牌相关的东西，会补充我对这个国家的谈资。例如，我的这个眼镜是一个日本品牌，这个牌子做成了眼镜界的优衣库。"也有被访者 R24 在向被访者介绍爱沙尼亚这个国家时，谈到"爱沙尼亚是波罗的海沿岸国家，很多人觉得这个国家无论经济实力还是国民都远不如北欧的瑞典、挪威等国家。然而这个国家的技术实力其实是不错的，Skype 这样的高科技软件就是这个国家发明的"。可见，品牌是消费者对国家形象认知的一种谈资，或是说明国家某个特点的重要证据。而这种谈资与证据，与从大众媒体上获得的二手资料相比，更具细节性和可信度。

品牌是补充国家形象认知的载体和通道。消费者通常对于国家形象是具有一定的认知和了解的，这种了解可能是系统性的、概括性的、缺乏细节的。而品牌的出现，作为一种细节线索，成为他们对于这国家的国家形象认知的一种补充。并且他们会将这种细节的补充内化成自己对于国家形象的认知体系当中。其心理机制模型如下：

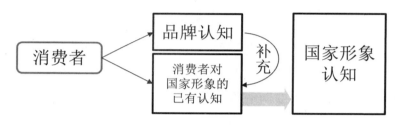

图 16　品牌补充消费者国家形象认知的心理机制

品牌作为一种线索出现在消费者视野中，与他们原有的对于国家形象的认知并不矛盾；而是形成了一种细节化的补充，形成了更为完整的国家形象认知体系。这种新的国家形象认知体系形成后，品牌还能够成为消费者描述国家形象的一种谈资或者论据。

（二）品牌对国家形象认知的态度改变

一旦认知主体对于国家形象的认知形成固定的态度后，这种态度可能是难以改变的。然而在消费者态度不明确时，新信息或意见的出现也可能使得原本的认知态度发生变化。当消费者对国家的客观状况认知较少，他们此前并没有关于该国国家形象的知识储备，或由于国家的信息过于复杂，信息本身繁杂而零碎，消费者还没有形成内化的知识体系和具体的认知，那么当品牌带来了明确的、具体的、与消费者自身相关的信息之后，消费者会根据新进入的信息对国家形象形成一种新的态度，去覆盖他们之前对于国家形象较为模糊的认知。相反，如果消费者已经对某国家形象具有比较丰富和细致的认知，已经形成固定的认知那么品牌作为一种改变态度的因素可能作用不大。

在国家与品牌形象认知的两次调查中，2000 年调查中，大学生群体对于德国的认知存在大部分负面评价如教条、好斗、野蛮等等。而随着大学生对世界各国的了解日益增多，当前大学生对于德国的国家形象认知中，29.7% 提到的是足球，25.6% 提到了汽车，20.6% 提到严谨。在产品和品牌联想中，出现了大量的汽车和家电品牌。可见，对于德国更具体的认知，以及对于品牌的了解，让消费者改变了以往对于德国的负面认知。

在深访中，被访者 R16 表示，"在读大学时期对于意大利并不熟悉，仅有的了解就是意大利面。后来，去意大利读书的朋友送给我一条手工玻璃做的项链，很精致很漂亮，从来没见过那种设计。后来查了一些关于这个品牌的资料，然后通过看的一些画展了解到了更多的意大利风格的艺术品，觉得他们的艺术的确很牛。"可见是来自意大利的饰品品牌帮助被访者对意大利建立了具体的国家形象认知。也有被访者 R5 提到，"最近从荷兰国际设计周了解到很多荷兰的设计师品牌，让我对荷兰的印象改观了不少。现在知道原来荷兰有那多么的年轻设计师，整个国家非常看重个人设计，有很多设计感很强的产品。我现在觉得荷兰是个充满设计感的国家，不再是以前那种灯红酒绿花花世界。"对荷兰品牌的了解改变了消费者之前对荷兰偏颇的认知态度。被访者 R15 也谈到，"以前对荷兰的了解就是国际法庭在海牙，比较小，很优哉。但是现在了解到飞利浦是荷兰的，我就觉得这个国家也应该挺严谨的。"从以上几个案例中可以看到，消费者对于意大利、荷兰的相关信息了解并不丰富，也缺乏具体的细节，仅仅停留在"意大利——意大利面""荷兰——花花世界""荷兰——海牙国际法庭"等片段的、零碎的、不成规模和体系的模糊性认知中，对这些国家的态度并不明确甚至呈负面。而正是品牌的引入，让他们重新认识了这个国家。品牌所引入的具体信息，如设计感强、品质可靠等品牌信息通过消费者亲身体验之后，产生了"认知净化"效果，并让他们内化了这些具体的信息，于是他们重新建立评价国家形象的标准。另外，由于曾经缺乏足够的国家相关信息，那么新进入的品牌信息可能会与他们对国家形象原有的认知产生认知失衡，认知平衡理论认为，当认知系统出现不平衡、不一致时，会产生一定的心理压力，驱使认知主体设法恢复认知平衡量。正是消费者对于品牌的体验让他们产生了与先前对于国家形象不明确的认知态度产生了不平衡感，品牌的细节性内容形成一种更大的压力去改变他们曾经的认知，因此消费者会放弃曾经模糊的国家形象态度，而以品牌带来的感受改变了他们对于国家认知的态度。这个心理过程如下：

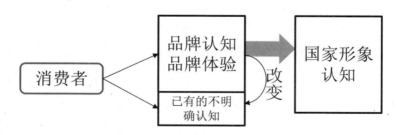

图 17　品牌对国家形象认知态度改变心理机制

　　消费者很难会因为对一个品牌的喜好而改变对于整个国家的看法，因为品牌仅仅是国家形象客观构成中的一部分，认知主体不会因为部分的看法而改变对于整体的态度。然而，当消费者对于国

家的了解较少或者缺乏系统的、详细的信息时，国家形象这个整体
其实是一个并不真实存在的概念，它们由一些零散的、模糊的碎片
构成，一旦出现具体的、细节的、系统的线索，则原有的模糊碎片
则迅速溃不成军。这种情况下，品牌会发挥更大的作用力，以品牌
带来的局部的认知去建构一个整体性的认知，打破原有的不平衡状
态，使得品牌最终改变消费者对于国家形象认知的态度。

（三）品牌对国家形象认知的情感迁移

社会心理学认为，在两种有联系的事物之间有可能发生感情或
评价的迁移。消费者视角下，如果品牌与品牌所在的国家形象在二
者相互关联，则也可能发生情感迁移。然而，并非所有品牌都能够
赢得消费者的情感。消费者以满足需要为动机去接触品牌，只有少
数品牌能够在满足他们需求的同时提供更多价值以赢得消费者的认
同，从而对品牌产生情感。当消费者对于品牌产生认同和情感，并
且认为国家形象与该品牌相关，则有可能将品牌带给他们的感受会
形成刺激的泛化和同化（Boush，1987），转移到对于国家形象的认
知评价中。

艾克和凯勒（Aaker 和 Keller，1990）用认知一致性理论（Cognitive
Consistency）对这种迁移进行解释，即消费者如果感觉到延伸物与
品牌之间存在较高的关联度，则会启动认知节省原则，省去重新判
断的机会，自然而然地将有品牌的一些特性和态度迁移到延伸物之
中，这也保持了认知的一致性和稳定性。也就是说，为了达到消费
者认知一致心理，他们具有将品牌与国家形象的情感趋于一致性的
动机。拟合度是其中的决定因素，拟合度被看成是品牌和延伸物之
间的相互关联的程度。也就是说，如果国家形象与品牌具有一定的

共性，即拟合度高则延伸更容易转移，然而 Aaker 也提出，拟合度具有转移性，即消费者如何看待延伸物和品牌产品在制造中的联系。国家作为品牌的母国，拥有品牌生产的技术能力和政策环境，因此品牌与国家之间是具有一定的转移性的。菲斯克等人（Fiske 和 Pavelchak，1986）在类化和图式理论（Categorization and Schema Theories）中提出，如果一个新的个体被认为归属于一个目标类别，与目标类别相联系的态度就会转移到这个新的个体上去，品牌作为国家形象客观存在的一个构成，二者也具有归属关系。

正因为国家与品牌之间的联系和归属关系，以及消费者对于品牌的情感，才会有消费者 R24 所表达的："我基本所有的鞋子都是 ecco 的。真的超级舒服，特别喜欢。ecco 是丹麦的品牌。我对丹麦完全不了解，但我觉得他们的国民应该生活得很舒服吧。"消费者将对于 ecco 品牌的评价转移到对丹麦的认知，因为他其实并不太了解这个国家，但是却对国家的描述使用了与品牌的描述使用了同一个词——舒服。另外，被访者 R21 提到"因为我没去过瑞士，所以对瑞士的了解大部分其实来自手表品牌。这个国家就是比较有条不紊，就像手表走时一样精准。因为提到瑞士就想到手表，产品的特征就是平稳和稳定，这个国家也是这样的，看着很平淡，波澜不惊，不去瞎掺和世界大事，但是和平、很简单，又非常不简单"。收集手表信息是被访者的一种生活乐趣，由于对手表品牌的深度了解和对于瑞士这个国家缺乏直观的认识，他将对于手表的评价和感受会转移到对国家的评价。

从以上两个案例可以得出，情感迁移模型适用于品牌知识较概括、介入程度较低的消费者行为模式，即消费者对于品牌的了解比较全面，能够产生态度鲜明的认知；对于被迁移的对象相关事务了解较少，介入程度远低于对品牌的介入。然而当品牌的作用力足够强大，消费者对品牌的态度从喜爱发展到崇拜时，则对于国家形象认知的程度也不是影响他们感情迁移的障碍。被访者R8就表示"个人觉得谷歌这个公司确实是'人类的未来'。觉得谷歌做的事情也是在拯救人类未来。学经济的我，也看过它的财务报表。觉得这个公司确实很厉害。因为全球十大首富里面，谷歌占了两个。我觉得谷歌就像空气，无处不在。我看过大肆赞美谷歌的很多文章，狂粉一大堆，我就是其中之一。品牌拥有足够强大的魅力使得消费者将对其的情感转移到对国家的喜爱中。消费者的心理机制如下图所示：

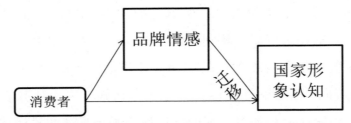

图18　品牌对消费者国家形象认知的情感迁移心理机制

面对自己认同的品牌和品牌所在的国家，消费者在对国家了解不充分或者在对国家形象的判断思考卷入度不高的情况下，会将自己对于品牌的情感转移到国家形象的认知当中，这个过程中最重要的因素是消费者对品牌的情感和认同，品牌在消费者心目中的能力在同类品牌中是无可替代的，才具有这种可能。

（四）品牌与国家形象认知相互印证

如果消费者对品牌与国家形象的认知一致，那么品牌的功能、特性以及文化、背景则可能与他们之前对国家形象的认知相互印证，或者加深他们对于国家形象某方面的认知。

从心理学角度来看，认知相符理论中的"既有印象"解释了品牌与国家形象认知间的相互印证关系。选择性注意原理的存在，让人们更愿意看到他们想要看到的东西，并且用自己的既有印象和框架，接纳新的信息。人们对于事物的"既有印象"非常稳定，为了投入较低的成本，人们更愿意去保持既有的印象，哪怕这种对于既有印象的保持毫无道理，也会忽略掉与既有印象不符的信息，或者曲解这些信息，以使它们能够支持既有印象，或起码不要与既有印象相冲突。因此，当他们接收到有关一个国家的新的信息的时候，总是下意识地使新的信息与自己原有的认识保持一致。[①]如果消费者对一个国家有着一定的认识，这些认识被他们编码、归类并且内化之后，保存在他们的记忆之中，对于新的信息，他们则会保留与既有印象相符的信息，来保持认知平衡，或者加强原有的认知。消费者对品牌形象的感知，很大程度将会影响他们对品牌拥有者及其形象的感知。当消费者对品牌认知与品牌背后的企业、国家等背景的认知与联想相匹配时，已有的品牌认知会加深对于品牌背景信息的认知；反之，当品牌认知与背景认知不一致，甚至产生冲突时，品牌信息就不利于对品牌持有者产生一致性的印象（Fennis& Pruyn，2007）。

在调查数据中，32.7% 的消费者对法国的第一印象是"浪漫"，该国的产品联想中，与浪漫相关的"香水"提及率达到52%，品牌联想提及率中"香奈儿"达到63.7%，可见，消费者对于法国国家的认知，与对其产品和品牌的认知具有相关性；另外，消费者对英国国家形象的联想前几位是"女王（18%）"[②]"绅士（12%）"和"王室（10.4%），"而对于该国的品牌联想中，博柏利（23.5%）、劳斯

---

①　丁磊.国家形象及其对国家间行为的影响 [M].北京:知识产权出版社,2010:114.

②　括号中的数字是该答案的提及率。

莱斯（16.4%）与路虎（9.3%）则基本都是奢侈品品牌，与王室和女王具有某种程度上的关联。

　　在深访过程中，大部分被访者谈到品牌与国家形象之间的关系，并会肯定品牌与他们对国家形象既有认知的一致性。例如被访者 R10 认为德国人本来就比较严谨，德国电器品牌的口碑和他自身的使用体验则进一步印证了这点："家里家电一直用西门子、博世什么的，也没坏过，加上德国品牌的口碑，让人觉得这个国家的确非常靠谱。做的东西严谨，人也严谨。"品牌的体验和口碑，加深了 R10 对于"德国人严谨"这个国家形象的标签。同样，被访者 R25 认为作为北欧品牌的挪威童车品牌，不仅具有德国的品质，还享有北欧优良的设计，这与她之前对于北欧国家的认知经验相符："一共买了三个婴儿车，其中最贵的那个 Stokke 是挪威的。我感觉婴童类的产品，做得很好的都是北欧的。童装也是北欧的最好。德国虽然质量也很好，但是在设计上没有那么追求，很中规中矩。北欧不仅经济好，还很重设计，安特卫普的设计学院全世界都有名。"

　　当品牌带给消费者的体验与他们对于原有的国家形象认知产生不一致时，消费者甚至会更深入地挖掘自身对于国家形象认知的知识储备中与品牌认知相一致的部分。例如，被访者 R13 认为她所使用的戴森品牌吸尘器技术优良，虽然感觉上更像德国的品牌，但她会努力回忆英国早年间在工业制造上的优势，以调节自我的认知，使品牌印象与国家形象之间形成相互一致的表现："戴森的吸尘器，解决了我生活中很多的问题。设计师是个英国的物理学家。以前以为这个牌子是德国的，因为德国毕竟在这方面历史悠久，有很多的经验和技术。但是后来听说是英国的，那其实也是在意料之中的，因为最早做汽车的并不是大众，大众只是做买得起的车。最早的汽车是英国发明的。英国其实早年间就在工业制造领域很先进了。蒸汽时代，最早进入工业时代的国家就是英国。"

信息加工认知心理学认为，认识主体的知觉能力主要有两种：感觉之分化和知觉之推断。感觉之分化是认知主体从外部环境嘈杂的信息环境中提出相关的信息；知觉的推断则是利用原有的认识结构，已有的认知框架，对外来的信息进行加工和处理。通常个人对于国家形象这种复杂的整体认知难以提取具体的信息，因此会进行感觉分化，通过对与自身相关信息的提取去认识这个整体。消费者心理过程如下：

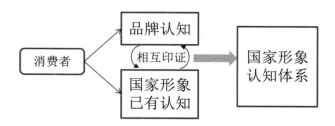

图 19　品牌与国家形象认知相互印证心理机制

在遇到与之相关的品牌信息之后，进行知觉的推断，即利用个人对于已经存在的国家形象的认知储备对品牌的信息进行加工处理。在加工处理的过程中，以自己集中关注和考虑的问题为定势，据此解读自己接收到的信息。最终，消费者对于品牌的认知会与对国家形象认知相互印证，并进一步加深。

（五）品牌对国家形象认知的负面溢出

近年来关于品牌溢出效应的研究较多，但基本集中在品牌的负面行为所引起的相关延伸品牌、行业及国家的伤害危机，关于正面的品牌溢出效应却鲜有研究。本研究也发现，正面的品牌形象认知未必会带来消费者对于国家形象的正面认知，但是负面的品牌形象却很容易带来负面的国家形象认知。品牌对国家形象认知的溢出效应，负面远大于正面。

期望违背理论认为，在任何特定的社会文化中，人们会接受那些符合预期、与刻板认知和期望一致的行为，然而那些期望之外的行为，却会得到更多的关注同时，人脑还具有"负面偏好"机制，消极的信息和体验，会比积极的信息、体验造成更为深刻的影响（Roy Baumeister，1988）。这种对于负面影响更重视的行为特征也在品牌传播中被广泛地注意到邦德（Bond，1992）发现，品牌丑闻的发生，会违背消费者的原有期望，负面新闻会引起人们的极大关注，从而对其相关的负面溢出效应也会比较明显，对于国家形象评价的负面影响也会更大。也有相关学者发现，品牌犯错（Brand Transgressions）会对品牌所在国的国家形象以及关联品牌产生负面的溢出效应（Magnusson，2014）。江红艳、王海忠（2014）通过实证调查的方法，证实了品牌丑闻对国家形象的确存在溢出效应。而本文的相关深访内容再次证实了品牌溢出效应对国家形象认知产生了明显的负面效果。例如，被访者 R29 提到，"德国在人心目中就是严谨、高效、产品品质好。但是我家一共买过两个西门子冰箱，都出现过门关不严、冷藏室上冻的问题。后来弟弟买大众途观的车，开了一年，灯泡坏了好几个。这之后我对德国的产品也没那么信任了，觉得大家有点神化德国，说得太过了"。被访者 R20 也表示"我现在对美国的印象特别不好。我最近买的车是美国产的。第一次加油就打不开油箱盖，召回也没解决问题。今天又拿去修了。因为是美国组装的，我觉得美国的组装技术还不如国内"。被访者 R15 谈到"ZARA 就像是一个服装大超市，乱七八糟，设计不错，但是买到之后很快就会扔掉，连童装的都质量都不太好。对西班牙了解不多，他们经济不行。ZARA 让我更加觉得西班牙经济上没有那么发达，经济基础决定人的素质，所以他们对于品质的态度就不那么极致。感觉就是漏洞百出，经不起磨炼，对西班牙也是这个感觉"。这几个案例都是因为产品的质量问题而导致消费者对于国家形象认知产生了很多负面评价。

相反，即使消费者对于一国的品牌有正面的认知和良好的体验，也可能会因为其他因素而不能带来国家形象的正面认知，如被访者 R10 提到"我本人是有历史情结的，很排斥日本，但是由于老婆给的预算（买车），最后符合要求的就只有斯巴鲁了。现在这个车越开越觉得好，特别省心，特别满意。日本的产品确实不错，但是不会因此对日本或者日本人有改观"。可见，日本品牌的好体验并未带来正面的国家形象认知，国家形象认知的确立和改变还会受到其他因素的影响。

根据以上分析，消费者通过品牌认知和体验，对国家形象的认知具有几种不同的心理机制。并且这些机制的不同，取决于消费者本身对于国家形象认知的信息储备、消费者对于品牌的态度和情感、品牌自身的能力以及品牌与国家形象之间的关系等。

当消费者对国家形象具有一定的了解时，消费者会将品牌作为一种线索去补充对于国家形象多元的认知，并将品牌作为提供相关认知的证据；当消费者对国家了解不足时，品牌可能会改变对国家形象的认知态度；当消费者对品牌的认同度较高，带有情感时，可能会将对品牌的情感和体验转移到国家形象；而很多情况下，消费者不会轻易改变对国家形象的既有认知，而是通过对品牌的了解去印证他们心目中已有的国家形象；正面的品牌形象不一定会带来正面的国家形象认知，而负面的品牌形象则很可能会带来负面的国家形象认知。品牌对于国家形象的建构作用是的确存在，并且是具有认知的因果关系的。

二、品牌建构国家形象的机制模型

（一）国家形象信息缺失是心理起源

对一个国家建立认知有两种方式，第一种是亲自前往参观体验的直接认知，第二种就是通过各种信息渠道去间接了解（Phelps，1986；Beerli and Martin，2004）。在没有直接认知的可能下，国家形象的建构需要一定的介质，这种介质是能够承载、表达、传递人们对一个国家的知觉、评价和情感的事物。当社会大众缺乏国家形象认知的信息介质时，首次进入他们认知体系的具体信息则会成为他们对于国家形象认知形成的重要线索。最先进入受众认知体系的信息则会因为首因效应（或初始效应，primary effect）为后期印象的形成建立一种难以改变的先期印象。兰特兹和洛布（Lantz&Loeb，1996）认为，如果认知主体对一国的产品还没有形成客观的评价时，他们对于国家的感知声誉可能会被用来代替对产品的感知，这被称为是国家刻板印象或国家形象。

正因为第一印象形成的刻板印象难以改变，当大众对于国家已经形成比较成熟的国家形象认知时，品牌因素的导入对于已经形成的国家形象作用力较小，例如，被访者R10并不会因为他对斯巴鲁汽车的良好体验而改变对日本的国形象认知。对于大众比较了解的国家，品牌只能成为一种与他们头脑中先期印象形成印证，如被访者R26由于对北欧国家有一定的了解，他认为丹麦不仅有安徒生童话，还了解到那里有世界顶级的音响制造传统，因此丹麦 B&O 品牌的出现仅仅是印证了他早期归于丹麦国家形象的认知；当大众对国家形象的认知不够完整，那么品牌因素则可以成为国家形象认知的一种补充，如被访者 R18 通过对斯柯达汽车的认知了解到捷克不仅是个东欧国家，还有比较先进的制造业；而当大众对国家形象完全缺乏认知，首次进入大众认知中的品牌信息就成为他们脑中国家形象形成的基础。被访者 R21 由于没去过瑞士，此前对于这个国家的了解也并不充分，所以对瑞士的认知"大部分其实来自手表品牌，认为瑞士这个国家形象与手表的品质一样，精准、稳定"。

品牌建构国家形象认知的机制中，品牌要素对于消费者认知态度转变的影响较小。认知态度的形成，首先来自消费者自我的认知系统。即他们头脑中对于某国的个人经历、信息储备情况等。大众对于国家形象的认知不够充分时，来自品牌的信息便有机会成为他们认识国家形象或国家形象某一方面的重要线索，从而使品牌成为建构国家形象的心理起源。

（二）品牌能力是建构国家形象的中介因素

即使认知对象对于国家形象产生了一定的刻板印象，这种刻板影响也并非是不可能改变的。奥尔波特（Allport, 1954）提出的"接触假说"认为，在不同情境下与事物或人群的直接接触沟通，能够抑制或消除刻板模式。因此，品牌在与消费者的直接接触过程中，产生了互动和沟通，可能会抑制或者改变先前对于国家形象所形成的刻板印象。

首先，在认知对象的各种信息接触渠道中，渠道的影响力强大、内容强度高，则对于他们的认知建构效果最为显著。品牌的覆盖面、知名度和影响力，也就是在市场同类品牌中的地位、市场份额，表现为品牌凸显性，而凸显性高的品牌，拥有较高的普及度，品牌渗透的层面更广。因此品牌凸显性能够与认知渠道的影响力相对应。品牌凸显性反映了品牌的普遍性和代表意义，因为其覆盖面大、被消费者认知和体验的可能性高，因此会有更多的认知对象能够对其产生接触的可能。格伯纳的涵化理论（Cultivation Theory）认为接触某类媒体多的人比接触那一类媒体较少的人更容易认同那种媒体所描绘的世界。同理，凸显性强的品牌类似于媒体的作用，接触这些品牌的消费者会更多从这个渠道中建构国家形象。如果这个渠道的覆盖面、普遍性高于消费者日常接触的媒体、文化形式等其他渠道，那么品牌所塑造的国家形象，就会涵化消费者心目中的国家形象。经常性地接触品牌，品牌形象在消费者心目中形成一种形象认知，这种形象最后简化成为一种符号，并且变成国家形象这个复杂体系中的一分子。如可口可乐品牌已经成为美国的一种象征，奔驰和宝马代表着德国，三星代表着韩国等，这些品牌在成为世界知名度和市场占有率极高的品牌之后，品牌的特性逐渐涵化了国家的特色。

其次，品牌在消费者个体心目中的地位不同，具有较高的品牌的忠诚度、独特的品牌价值、较高的品牌溢价能力，意味着品牌强度高，强度高的品牌之于消费者，类似于针对单位个体传播的有效性高的内容。在消费者心目中具有特殊地位的品牌，通常未必是世界知名大众化品牌，而是依靠品牌的文化内涵与消费者之间维系良好的关系，占有消费者的心智和情感，认为品牌对他们具有特殊的意义。消费者在判断品牌及其国家形象时启动的是感性机制，会将对于品牌的感情与认同直接转移到国家形象上，让品牌产生一种晕轮效应，影响国家形象的认知。如哈雷摩托车所聚集的粉丝群体，深度认同哈雷的品牌文化，并且将其文化中热爱休闲和冒险精神扩大到对美国精神的判断上。

综上，拥有市场竞争中高份额的品牌能够涵化国家形象；在消费者心目中不可替代的地位的品牌则能够对国家形象产生晕轮效应。因此，品牌强度是建构国家形象的中介性因素，当品牌强度足够，品牌就有很大的力量去建构国家形象。

（三）品牌与国家形象的相关性是建构国家形象的调节因素

当品牌能力有限时，品牌对于国家形象的涵化效应和晕轮效应不显著，只有强化品牌与国家形象之间的相关性，才能让消费者通过品牌联想到国家，建构国家形象。通过对消费者的扎根研究分析发现，品牌外部因素中，品牌的属性、传播推广的效果和品牌能力均能够与国家形象相关；品牌的内部因素中，品牌的产品功能价值、品牌文化价值以及品牌的企业组织也都和国家形象具有相关性。其中，品牌能力是品牌与国家形象的中介因素，能够直接对国家形象产生效用；品牌传播推广的最直接的效果就是品牌能力的增强，并且传播与推广本身是消费者认知品牌内部要素的渠道；品牌的组织也就是企业本身是国家形象传播主体中的一部分，企业的归属性与国家有天然的联系，无论企业是不是强调与其来源国之间的联系，这个客观事实依然存在。因此，品牌的内部与外部因素中只有品牌的属性、品牌的产品功能价值和品牌文化价值三个部分做为调节因素，决定了品牌是否和在何种程度上建构国家形象。

1. 外部相关性——品类

消费者在面对不同品类时，参与程度不同、看重的品牌要素不同、对品牌的要求和期望也不同。并非所有的品牌都与其国家相关。在本文研究中，消费者认为与原材料相关的产品，涉及工艺细节的产品，更精细的产品、价格更昂贵的产品，都会和国家的联系比较紧密，能够从品牌中感受到国家的资源、国民、历史传统等。

对于日常性消费品，品牌的能力强则能直接建构国家形象，品牌能力弱则可能与国家形象无关；对于特殊性产品，消费者会付出更多的精力去判断品牌的内部属性，如产品的性能，品牌的体验等，因此品牌类型的属性被内化为品牌内部要素。另外，功能性产品很多时候是一种日常生活的必需品；而享乐产品的特点在于给消费者带来的体验，可以让消费者产生感官愉快、兴奋感、具有娱乐性、能激起复杂的幻想和满足情感的需要，顾客的享乐型消费是为了产品的象征元素，而不产品本身，购买它是为了提升生活品质。因此，功能性产品重在品牌的功能性价值，集中于品牌内部要素中产品的品质、质量、细节等方面；而享乐型产品的价值集中于品牌内部要素中文化方面的价值，体现在设计、风格、理念等方面。

在不同属性的品牌中，不适合与国家形象发生关联的品牌类型会被过滤。而与国家形象具有关联的品牌类型，消费者决策会从品牌的外在属性进行品牌内向化的探索，最终从品牌的内部因素去与国家形象的相关性进行联想。

2. 内部相关性

品牌的内部要素中，产品的质量、性能、技术与原料是品牌的基础部分，为消费者提供功能性的价值。产品在功能方面的优劣，能够反映一国在该产业方面的产业传统、发展前景、产业标准等。因此品牌与国家优势产业的相关性成为品牌与国家形象之间重要的影响因素。品牌与国家优势产业的相关性、品牌所在行业的历史、品牌的产品所属产业传统、品牌所属产业的发达程度、这些关系是决定品牌与国家形象关联度的几个重要指标，简化为品牌与国家产业的相关性。品牌文化部分，包括品牌的历史背景、文化风格、价值理念则与国家形象中的国家历史文化、风格、理念具有较强的关联，简化为品牌与国家文化的一致性。品牌的文化与国家文化相关性强，则能够更好地反应国家形象。

综上分析，品牌对国家形象的建构机制如下图所示：

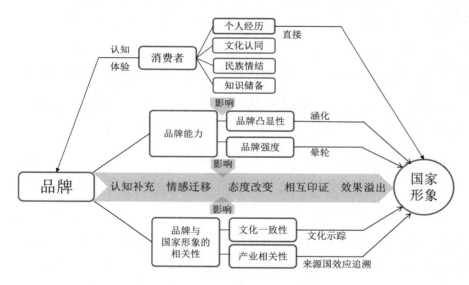

图20 品牌对国家形象认知的影响机制

透过这一模型可以发现：当消费者对一国具有实际的个人经历或者充分的国家信息知识储备时，会对国家形象直接形成相关认知，不需要借助其他形式，对于国家的亲身体验甚至会颠覆曾经来自媒体、文化形式所形成的刻板印象。因此，国家形象信息缺失是消费者以品牌建构国家形象的心理起源，只有当消费者的国家形象信息储备不足时，品牌才有机会成为一种重要的认知渠道。

品牌能力是建构国家形象的中介因素。其中，凸显性强，即知名度高、市场占有率高的品牌能够对国家形象产生涵化效应，既消费者通过品牌就直接构建出国家形象，消费者对品牌形象的认知几乎就是对国家形象的认知；如果品牌强度高，即品牌能够占有消费者心智，则能够产生晕轮效应，消费者会将对品牌的情感转移到国家形象认知中。在此过程中，还会受到消费者国家形象认知知识储备的影响，如果消费者此前对于国家形象认知较为模糊，那么品牌则能够让消费者对国家形象认知产生态度改变；如果消费者先前对于国家形象的认知比较丰富，则品牌只能成为国家形象认知的一种补充。

当品牌强度有限时，品牌与国家形象之间的相关性则是重要因素。品牌类别成为二者相关性的过滤因素，一些与国家形象关联不大的品类（如日常用品、低价产品或卷入度低的产品），消费者不会将其与国家形象发生联想，消费者会认为这些品牌与国家形象没有关联，这些品牌会被过滤掉，没有建构国家形象的能力。与国家形象相关的品牌类别，消费者会判断品牌的内部要素与国家形象之间的关联度——即品牌与国家优势产业的相关性以及品牌文化与国家文化的一致性。如果品牌与国家优势产业相关性强，品牌所在的国家优势产业自然与国家形象发生关联，产品的做工、性能、技术都是国家经济实力、技术实力方面的表现；品牌与国家文化一致性高，则品牌的风格、设计、理念则是国家的国民、历史文化发展与传统的表现。

在整个过程中，消费者自身的个人经历、文化认同和民族情结依然会参与影响品牌对国家形象建构的程度。如消费者的民族情结会阻碍消费者通过品牌对国家形象的情感转移，消费者对品牌或者国家文化的认同则会增进消费者的态度改变等。通过这一过程，消费者能够通过品牌去补充国家形象认知，改变国家形象认知态度，对国家形象进行情感迁移或者将品牌认知溢出到国家形象认知中。

第六章　品牌建构国家形象认知的影响因素

在消费者通过品牌建构国家形象认知的心理机制中，一些因素的存在，能够让品牌帮助消费者直接建构国家形象认知，一些因素则会影响建构的效果。本章重点讨论各种因素对于品牌建构国家形象认知机制的影响。

一、品牌影响力

本研究认为，品牌以产品层面、文化层面和企业的组织层面构成品牌的内部线索。内部线索影响品牌的外在表现，即在消费者的感知中，品牌在市场上同类产品中的地位以及品牌在消费者心目的地位这些会影响品牌建构国家形象的作用机制。

（一）品牌凸显性——品牌对国家形象的涵化

品牌的凸显性是品牌在市场同类竞争品牌中的地位，客观地反映了品牌的能力。当一个品牌自身具有强大的影响力时，品牌在社会发展和国家实力的构成中会占有更大的比重，那么品牌则成为国际社会大众认识这个国家的重要窗口之一，品牌也能够将其自身的影响力渗透到国家各个相关层面。因此，凸显性强的品牌会将自身的理念、价值观以及发展触角以一种涵化效应潜移默化地转入到国家形象中去，让社会大众以评价该品牌的方式去评价这个国家，品牌的发展与表现甚至能够代表整个国家的发展与形象。品牌凸显性足够强，在建构国家形象时，不会受到消费者自身信息储备和品牌类别的限制，品牌建构国家形象认知机制国体内容如下。

1. 国家以企业编码，消费者以品牌解码

在国家形象的传播主体讨论中，学界一般比较认同"三主体"说，即国家形象的塑造主体为政府、企业和国民。[①] 作为国家形象的主要塑造主体，企业是从事生产与经营的营利性组织，生产商品提供给消费者，是社会中最重要的经济主体。通过技术研发、产品生产与营销和分销等市场经营活动，企业能够满足消费者的生产需求和生活需求，在市场竞争中创造和实现社会财富，推动整个社会经济技术的发展。在长期贸易发展过程中，一些国家最早开始工业化与国际贸易，因此在企业发展过程中最先生产了高附加值产品并进行出口，通过品牌建立起较好的产品声誉，从而为其国家形象做出有力的贡献。如德国、美国等发达国家，早已通过大量的产品出口和高科技含量在早期占领市场。企业的发展在一定程度上能够代表国家的发展，企业采用的先进技术是国家技术发展的象征，企业的管理制度反映着国家的社会体制，企业的经营状况反映着国家的经济情况。企业作为国家形象的传播主体，天然能够将国家的经济、科技、政策、体制及行业发展情况纳入企业的日常运作中，成

---

① 程曼丽. 大众传播与国家形象塑造 [J]. 国际新闻界，2007（3）.

为一种对外传播过程中的编码。

对于社会大众来说，接触企业的主要渠道就是企业生产出的产品。企业在推广品牌、出售产品时，所面向的对象是消费者。品牌是企业通过产品对消费者最重要的承诺，品牌通过有效的运作，使消费者信任并接受其品牌，从而满足消费者的需求，使消费者获得价值，并使企业获得利润。企业借助品牌实现相关信息的传递，消费者则通过品牌了解其产品的质量、品牌文化及品牌背后的企业员工、制度及企业文化。品牌是消费者与企业之间关系的桥梁，因此，消费者以对品牌的认知和体验方式对企业传达的国家形象相关信息进行解码。品牌凸显性较好的品牌，由于自身的消费群广，出现在大众面前的曝光度高，自然能够获得更多与消费者接触的机会，帮助消费者以品牌解码国家形象。

2.品牌影响力突出，品牌就是国家形象特色

消费者已经将一些凸显性高的品牌视为某些国家形象中重要的构成部分，品牌甚至成为国家形象的替代者。在国家与品牌形象认知调查中，瑞典的国家形象联想中，宜家的提及率达到18.2%，排名第一，可见宜家本身就已经是消费者心目中瑞典国家形象的重要组成。事实也的确如此，瑞典的人口仅有990万，占全球人口的0.13%，国土面积仅相当于我国甘肃一个省的面积，然而其却创造的贸易额却占到全球的2%。世界500强的不少企业都创始于这个国家。宜家也是家居行业中最知名的品牌之一，在服务消费者、创建自身强大品牌的同时，也彰显了瑞典的国家实力。一个北欧小国之所以能在世界舞台上崭露头角，原因正是在于宜家等瑞典企业巨头通过品牌所传递出的价值观所涵化出的国家文化：简约的设计理念、环保的生活方式，对自然的尊重。因此在一定程度上，消费者心目

中的瑞典形象就是宜家的形象，宜家就代表了瑞典。与此类似的还有德国，德国的国家联想词汇中28%涉及产品：汽车、家电、厨具等；同时，奔驰、宝马、西门子等品牌的提及率达到8.4%。今天的德国在消费者心目中已经不再是两次世界大战中的战败国，而是因为那些知名品牌，让德国几乎就等同于"德国制造"和"高品质"。

在丰田、索尼、本田、松下、三菱等一大批国际知名品牌的带动下，日本成功构建起"高科技、好质量"的产品来源国形象；三星、LG、现代等品牌的崛起，使得韩国形成了"潮流""领先"的国际声誉。知名品牌已经是国家的宝贵财产和国家名片，是国家发展的重要构成部分。在硬实力方面，企业的品牌为国家的经济发展、贸易出口额做出巨大的贡献；在软实力方面，品牌成为能够延伸至世界各处的触角，去传播国家形象。对社会公众来说，这些知名度高的品牌已经成为这些国家的形象中不可或缺的构成，他们不仅认识和使用品牌，更从这些品牌中看到国民、经济、文化等各方面特质，由于品牌与他们的日常生活更为贴近，当他们谈到对这些国家的认知，几乎就是对这些品牌的认知。范（Fan，2010）在研究国家品牌化问题时认为，国家形象被受众接收为品牌或者产品形象，是因为品牌与国家之间存在较强的相关性，且品牌自身是知名度较高的品牌。

品牌凸显性让品牌这一介质能够替代其他渠道，成为国家形象传播的主要中介，让消费者以对品牌的认识理解国家形象，品牌具有对国家形象的涵化作用。当品牌的影响力足够大，不但在该国的品牌所属行业中具有领导地位，在要全球的相关行业中成为佼佼者时，品牌甚至会成为国家形象的替代者，使得品牌特质就是国家形象的特质。

（二）品牌强度——品牌对国家形象的晕轮效应

当今时代，消费的目的已经不仅限于满足人们的日常生活需要和生产需要，还能够成为使人们各种体验的工具，消费者能够从品牌的体验中获得极大的认同感，从而对品牌产生情感甚至将其作为一种信仰。当这种情感发生，消费者对于品牌的偏爱可能会转移到国家。而在此过程中，品牌在消费者心目中的地位，也就是品牌强度，成为决定性因素。

1. 品牌成为消费者的信仰

消费者行为可以具有宗教信仰的特征（Russell&Sherry，1989）。对于消费者而言，对品牌具有深厚的喜爱和全方位的理解，与品牌之间产生了紧密的关联，很可能会对品牌产生一种崇拜心理。虽然这些崇拜并不是宗教信仰，但消费者都会把这些崇拜看作是独特的、杰出的甚至是神圣的。

约翰和吉姆斯人（John &James，1995）对哈雷·戴维森的消费次文化群体进行了相关研究发现，消费者与品牌之间存在着一种类似宗教信仰般的色彩，消费者通过对哈雷品牌的追求，不仅满足骑行乐趣，更展现了自身的价值追求，他们会通过各种故事及感受，把品牌神圣化。哈雷车主通过车主俱乐部进行会员交流互动，将车主俱乐部打造成一个"文化聚合体"，以哈雷文化吸引粉丝、并激发粉丝的互动。共同信仰经过百年的岁月沧桑，浓缩了激情、自由、狂热等诸多品格的哈雷，成为美国精神的象征。消费者也通过对品牌核心价值做出一致性的承诺，让哈雷成为其生活的一种精神象征和信仰的符号。此后，勒斯克（Lusch，2008）对苹果的研究发现，苹果公司拥有一支庞大的粉丝军团，以致苹果产品风靡全球，出现了一批通过产品认同延伸到情感认同的执着追求者，他们自喻为"果粉"。不仅自己持续消费苹果产品，还对品牌极度忠诚。苹果产品会使"果粉"的大脑产生宗教式反应，果粉大脑的磁共振扫描显示在受到"苹果意象（Apple imagery）"刺激时，苹果信徒的大脑与宗教人士受到"宗教意象（religious imagery）"刺激时的反应一样，[①]他们将对苹果的与苹果的创始人乔布斯乃至苹果的一切相关周边产品都产生宗教式的狂热。

品牌强度不同于品牌凸显性，凸显性表现的是品牌在市场中的表现和占有率，而品牌强度是品牌在消费者个体心目中的地位。当品牌赢得消费者认同，占据消费者心智，成为消费者的信仰，则与消费者之间建立了深厚的情感，才能够让这种情感转移至品牌背后的国家形象成为可能。

2. 联结效应下的品牌晕轮

信仰型消费认为，人们通过对品牌所提出的价值观念来契合他们的价值观念，甚至表达他们的信仰追求。如果品牌所主张的价值观与消费者的价值理念相一致，消费者会对品牌产生"英雄所见略同""志同道合"的共鸣心理，并由于对宗教的狂热性，对品牌产生一种"爱屋及乌"的晕轮效应。

晕轮效应最早由桑代克（Thorndike）在20世纪20年代提出，是指人们在认识新的人及事物时，通常从被评价的人或物所具有的某些特征或某个方面出发，泛化到其他一系列的特征或方面，也就是从已经知道的推及到不知道到的，从局部信息出发，推断形成一

---

① 登华，王琦，朱丽叶. 品牌推崇研究述评 [J]. 外国经济与管理，2016（3）：61-72.

个完整的印象。[①]晕轮效应的根本原因在于人们在对外界形成认知时，更倾向保持一种一致性。就是人们对其他的人或事物的评价总倾向于前后一致。品牌的晕轮效应，表现为消费者对品牌相关的一切产生信任。同时，联想网络理论[②]认为，记忆作为连接网络的节点，一组节点会导致人们联想到其他相关节点，这一过程被称为激活扩散过程。企业品牌与国家形象可以定义为二者在情感或认知层面的联结节点。能够从品牌联想到国家，消费者便对品牌的晕轮效应发生作用，因此也会对品牌所属的国家产生一致性的看法。如哈雷摩托车主会认为哈雷摩托车的精神就是美国的精神，因此对于哈雷和美国国家形象都产生正面的看法；正如深访对象 R8 也提到，自己关注谷歌的一切，是谷歌狂热粉，因此会崇拜美国。

可见，只有当品牌对消费者个体的心智占有强大到一定程度，消费者对品牌产生信仰，品牌的晕轮效应才可能发挥，影响到他们对国家形象的认知。这一过程通常是不经消费者深层思维加工的非理智过程，而是基于情感做出的比较直接和迅速的反应。

二、品牌与国家优势产业的相关性及与国家文化的一致性

当品牌在市场中和消费者心目中的占有率有限时，品牌对于国家形象认知的建构则取决于品牌与国家形象之间的联系。而无论是品牌的产品要素、文化要素还是企业要素，在消费者的意识中，与

---

① Thomas Hugh Feeley（2002）.Comment on halo effects in rating and evaluation research. [J]Human Communication Research；Oct 2002；28，4，pp 578-586.

② Anderson J R. A Spreading Activation Theory of Memory[J].Journal of Verbal Learning and Verbal Behavior，1983，22（3）：261-295

品牌相关要素最终归纳为两大特征，即品牌生产的产品是不是属于这个国家的优势产业——归结为产业相关性，以及品牌的风格特质是否与国家的风格特质相一致——归结为文化一致性。如果这两种特征得到满足，品牌就能够印证消费者对于国家形象的认知。

（一）产业相关性——来源国效应追溯

从品牌的功能性角度出发，产品的技术、质量、性能和原材料都能够折射出来源国形象。而通过深访发现，消费者通过产品对国家形象的认知机制，并不是一个直接的过程。消费者会首先想到这个品牌有何特质，然后将品牌的特质与这个国家的优势产业相联系，再联想到国家形象，这个过程几乎就是来源国效应形的反向过程。因为一个国家能够出产品质、质量、技术等提供功能利益的内部属性良好的产品，那么至少可以证明这个国家在这个产品的相关产业具有一定优势，从而反映出国家的经济水平较高、国民的受过良好教育，具有较高的科技水平。此过程的作用机制如下图所示：

图 21　消费者通过产品相关性作用感知国家形象路径

消费者在选择品牌时会考虑国家形象，被表述为来源国效应。然而来源国效应也并非凭空形成，在一国的某个产业中，首先要有一个品牌在消费者心目中获得认可，然后带动一系列同产业的品牌发展，才能在消费者心目中形成"该国具有某种产业优势"的印象，从而为消费者下一次的新品牌选择进行背书。而消费者通过品牌来反映国家的相关产业从而建构国家形象，可以说是来源国效应在形成之前的一种逆向机制。

生产产品是一个国家需要拥有的能力，国家的构成组织单位让其具有生产该种产品所需的特定能力。[①]一个国家的出口产品折射出该国的经济发展水平，而一个产品的生产国也反映着该产品的尖端水平。[②]基于产业优势建构的国家形象，是在某一个特殊领域，而不是所有覆盖的领域具有一定的优势，从而让人得以识别国家的差异化特色。例如时尚产业对于意大利是优势产业，也是意大利的国家形象中与众不同之处；工业之于德国是优势产业，正是德国国家形象中重要的方面。[③]消费者认为高质量高技术的产品在生产时需要有经过较高训练及教育程度的劳动力以及国家科技实力支撑，所以他们相信发达国家生产的产品将有较佳的质量。阿格拉瓦（Agrawal 和 Kamakura，1999）也在研究中发现许多不同类别的产品在消费者心中已经存在不同的产品国家形象。

在消费者品牌与国家形象认知调查中，消费者对德国的品牌联想中，提到奔驰（60.3%）、大众（33.2%）等汽车品牌比例很高，同时被访者对德国产品的联想中，提到汽车（81.4%）类产品的比率同样很高；对于瑞士的品牌，提及率前十的品牌中80%的品牌为钟表品牌，同时被访者对瑞士手表（74.5%）这一产品的提及率极高；瑞典品牌提及率第一的宜家（53.8%），所对应产品联想排名第一是家居产品（15.2%）。可见，品牌与其所在产业的联想关联程度

---

① Hidalgo CA，Hansmann R. The building blocks of economic complexity. PNAS，26-10570-10 575（2009）

② 任维雅，李江，谭东风，梅朝阳. 基于复杂网络的国家——产品能力模型构建与研究 [J]. 经济研究，2010，9（10）.

③ Fan，Y.（2010），"Branding the nation：towards a better understanding"，Place Branding and Public Diplomacy，Vol. 6 No. 2，pp. 97-103.

强，这些品牌才能够反应国家形象，国家的优势产业成为品牌与国家形象之间的重要联结。

相比之下，荷兰的产品联想提及率最高的是花卉、郁金香（28.6%），但在品牌联想中并未发现花卉品牌，品牌联想度最高的飞利浦属于家电产品，但在荷兰的产品联想中却几乎不被提到这个品类。正是由于知名品牌与国家之间缺乏优势产业作为中介，让飞利浦品牌的来源国误认非常高。飞利浦被大多数被访者误认为德国或美国品牌，在他们的认识中，德、美的家电产业比荷兰更知名，因此理所当然地认为飞利浦来自德国或者美国，这样才能符合他们的认知一致性。

所以，品牌与国家优势产业的相关性，让消费者头脑中的品牌与国家的特征认知一致，继而通过品牌建构国家形象。而优势产业的形成则需要龙头品牌的带动、产业集群的形成以及产业传统的维护等几个方面的作用力，这也是来源国效应形成所需要的条件。

1. 产业集群

产业集群的相关理论，早在1890年就被马歇尔提出，他认为，将相关的企业在特定地区形成的以外部经济与规模经济为聚集动因的集群称为"产业区"。韦伯（1997）把产业集群的决定因素归纳为两大因素：区域因素（Regional factor）和集聚因素（Agglomeration）。共同地区内聚集的一些企业集合，是产业集群的重要特质之一。保罗·克鲁格曼（Paul Krugman，1999）曾提出，产业集群的形成主要是因为分工而导致规模收益递增以及对贸易的推动，然而其依然具有偶然性因素，在发展过程中具有路径依赖特征。国家作为一种地域疆界，能够为企业的集中、形成集群提供集中的地理条件。而产业集群的形成，又为国家提升了竞争力。1998

年，迈克尔·波特提出竞争优势论，他认为产业集群能够对国家竞争优势产生至关重要的作用：第一，产业集群使得企业能够紧密"抱团取暖"，因此集群内部的生产力会强于集群外部的生产力；第二，集群内的领先企业或者行业领头羊能够为整个集群的发展带来示范效应，而使得集群内的多家企业共同参与，降低成本，以获得未来更好的发展；第三，产业集群产生的环境有利于新企业的诞生、小企业的发展以及整体企业影响力的提升。产业集群的存在，能够提高企业的竞争力的同时提升国家竞争力，而产业又是研究国家竞争优势的基本单位。[①] 一个国家的成功不可能依靠某个单一品牌的发展，自多个品牌合力形成的产业集群，其对于国家经济发展和贸易发展的带动力则会大大增强。各种产业集群的发展提升了国家的竞争优势，从而反映了国家经济的发展。

从消费者的视角来说，若非强势品牌，在购物选择过程中，单个品牌的所承载的来源国信息线索单一，难以在他们头脑中聚合形成深刻的印象；而如果在某一类产品中（如选择购买汽车），又有多个同类的备选品牌均来自同一国家（如德国的大众、奔驰和宝马与日本的丰田、本田和日产），那么这类产品的来源国信息（选择日本车还是德国车）就成为选购品牌的考虑要素之一，多品牌的聚集效应在他们的认知中形成了一种概构效应：即这一国家或地区盛产此类产品，具有相关产品的产业制造优势。我们今天只看到国家形象对于品牌的来源国效应（来自德国的汽车有保障），却不知这种来源国效应也是一个品牌和一群品牌形成的产业集群日积月累之后形成的。这个过程在深访中也具有实例：深访对象 R25 提到的，

① 迈克尔·波特. 国家竞争优势 [M]. 李明轩，邱如美，译. 北京：华夏出版社，2002.

她最近买的 Tip Toey Joey 牌童鞋来自巴西,认为巴西还能出产舒服的鞋品牌比较出乎意料,同时她意识到不久之前接触过另外一个鞋品牌 Melissa 也是巴西品牌,因此巴西在她的脑海中形成了"擅长出产不错的鞋类品牌"的印象。那么在下次购买鞋子时,R25 就会将"来自巴西"这一标准作为鞋类品牌的判断依据之一。

多个同类品牌共同为消费者形成的产业集群效应,其中的单个品牌就能够反映国家形象;而势单力薄的品牌则很难借力国家形象或者去反映国家形象。例如,德国的汽车产业中都有多个世界知名品牌,因此奔驰、宝马、大众等品牌共同代表德国的严谨和好品质;然而在服装产业中,仅有 Hugo Boss 这一个知名品牌,没有形成德国的服装产业集群,那么服装产业就并不是德国的优势产业,因此很少有消费者知道其也来自德国。没有产业作为品牌与国家之间的联结,使得同样具有好品质和严谨做工的 Hugo Boss 却难以代表德国形象。

(2)龙头品牌助力产业集群的形成

西方国家的产业集群形成模式中,核心企业带动的模式是一种最常见的方式。这一模式是指,聚集在同一个地理位置上的、由众多相关中小企业围绕一个或数个特大型品牌组成的某一特定产业的产业集群,① 由处于中心地位的大企业带动各中小企业,进行生产运作,一方面中小企业要按照大企业的要求,为其加工、制造某种产品的零部件或配件,或者提供某种服务,另一方面这些中小企业又进行相对独立的运营,取得自身的发展。而在一个产业集群中,大企业的发展能够带动其他中小企业的发展。根据"灯塔效应(the

---

① 刘永仁,何永香.产业集群中核心企业管理创新的集群效应分析 [J].经济师,2007(6):17-18.

Light house example）"（Caparaso and Levine，1992），营建一个灯塔对于所有船主或者船队都是有利于安全航行的，对于任何一条船的船主来说，营建成本要高于经营收益。然而一旦灯塔建成之后，其他船只都会借助灯塔的光芒，并且不可能被排除在外，因此共享了产业集群中大企业的成本投入所带来的效应。因此，通常会有一个拥有多条船的大船主会权衡自身的成本和经营收益来建设灯塔，而其他小船主则可以获得搭车的便利。

对于一国的产业集群来说也是如此，一国在某一产业领域具有一个品牌能力显著的知名品牌，其他同产业的相关品牌则可以借助知名大品牌建立起的美誉度和来源国形象来提升自身的影响力，从而逐渐形成产业集群。例如，西班牙在多年来以来中国消费者心目都以"斗牛""足球"闻名，其产品和品牌很少被提及，而在品牌与国家形象认知调查中，ZARA 以 58.8% 的高提及率出现西班牙的品牌联想中，虽然与之对应的产品提及率服装业只有 17.8%，且位列产品提及率第一，但是一些其他的西班牙的服装品牌如 MANGO、LOEWE、Bershka、Pull&Bear 等品牌也榜上有名，虽然他们的提及率不高，但是在 ZARA 这个强势服装品牌的带领下，多个服装品牌聚集成的产业集群使服装产业成为为西班牙的最知名的产业之一，并逐步改变西班牙在大众心目中的刻板形象，从而使得西班牙形成具有设计感、时尚的新形象。

被访者 R21 提到，"瑞士手表很多品牌都很好，但是觉得最能代表瑞士表的品牌是积家（Jaeger），因为积家做了一款钢制外壳的万年历手表，把这么先进和昂贵的技术放在了钢制外壳下，降低了产品的成本，能让一些普通人也有可能买到这么高端功能的手表，其实是把瑞士的高端手表变得更亲民。"可见，积家对于瑞士的手表产业的贡献在于，将高端的手表品牌进行大众化的普及，依靠一己之力，投入大量的研发成本去降低消费者的购买价格，从而扩大品牌的受众群，以拉动和提升整个瑞士手表产业的影响力。

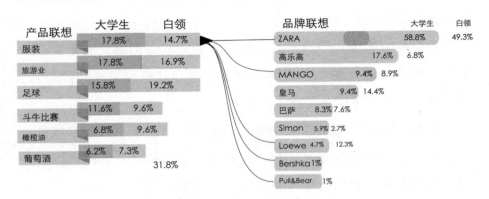

图22 西班牙的优势产品及相关品牌提及

ZARA之于西班牙，积家之于瑞士，都是行业的龙头品牌，龙头品牌对于其他中小品牌的带动，让更多相关品牌成为知名品牌，提升产业的整体知名度，结果就是帮助国家塑造了这方面的产业形象，也帮助国家形象开辟了新的维度。经过长期积累形成了来源国效应之后，国家形象就能够为其他中小型不知名的相关行业品牌进行背书。而这个过程，正是来源国效应的形成过程。虽然来源国效应与品牌建构国家形象是两条方向相反的路径，然而来源国效应并不是天然形成的，是建立在一个又一个品牌的知名度和美誉度提升，带动整个产业的发展，从而才为国家带来的这个行业的来源国效应背书。

3. 产业的历史传统

从1886年卡尔·本茨发明第一辆汽车至今，德国的汽车工业已有130余年的发展历程；法国从19世纪开始就创立了大量奢侈品品牌；20世纪50年代时从丹麦、挪威、瑞典和芬兰兴起的北欧设计风格带动着宜家等北欧家居品牌的发展；英国拥有工业革命先行者的悠久历史和雄厚基础，在化工和生物技术具有多年传统，因此才有联合利华等日化品牌的发展。

知名品牌带动一系列品牌形成的优势产业集群，为一国形成了来源国效应。而来源国效应的程度则需要历史和时间的累积过程。被访者 R20 在考虑摩托车品牌时，认为"印度的摩托车品牌也不错，且印度也有汽车工业，技术其实也挺好，但是就是觉得比较低端。因为印度没有那么久的发动机制造历史"。

随着时间的积累，产业的历史背景不但是一种来源国效应的背书，还形成了产业的文化和传统，与国家文化和历史脉络息息相关，最终演变成国家软实力的一部分。被访者 R13 认为法拉利、兰博基尼等跑车品牌能够代表意大利的国家形象，因为意大利曾经有不少汽车改装的爱好者，他们在追求汽车性能的同时也追求汽车的工业艺术性，这得益于文艺复兴为意大利留下的注重质感与手工制造的传统，后来逐渐形成了艺术与性能结合的跑车产业。消费者能够通过跑车品牌认识到意大利跑车行业的发展以及背后的历史和国家文化特征。

因此，来自具有历史传统产业国家的品牌，不仅能够从品牌中看到国家在技术、经济方面的硬实力，还能够通过历史和传统对国家有更深层的认识，从而展现了国家的历史文化力量即软实力。

（二）文化一致性——品牌对国家文化的示踪

消费者能够从香奈儿、爱马仕的风格感受到法国的浪漫与奢华；从古琦和兰博基尼的设计感受到意大利的激情和创意；从博柏利和劳斯莱斯感受到英国的皇家气质和传统；从无印良品感受到日式美学和侘寂。谈到这些品牌时，除了产品层面的技术、做工和细节之外，即使不能清楚地解释这些品牌的哪些元素能够与国家形象发生具体的关联，也能从感官上感觉到国家的气质、风格与理念。这种品牌风格与国家风格的一致性，来自品牌理念、文化与传统对国家形象的反映。

风格是一种能表征属性的文化判断力与审美趣味上差异的标准。[①] 能够形成风格的品牌，必然不只会为消费者提供基本的功能属性，而是能够赋予消费者文化认同与情感共鸣。那些来自品牌设计中特殊的色彩、花纹，来自品牌故事里的情节和人物，来自品牌为消费者营造出的特有的情境，是品牌形成差异化和在消费者心中形成独特风格的来源。而风格是由不同的元素构成的，不同的设计元素则来自国家的历史发展、社会环境、文化表达。如中东地区的气候条件使得那里自古以来只能生长椰枣和棕榈树，棕榈树的花纹就成为中东地区传统工艺品所常使用的元素之一，被访者 R16 所提到她在以色列购买的饰品品牌具有明显的中东风情，虽说不上具体原因，但是这个"中东风情"就是来自棕榈树花纹这一元素。另外，品牌背后的创始人故事也会与国家和社会发展的大环境有紧密的联系，若非当年法国社会对于女性的包容和巴黎康明街区的时尚氛围，也不能诞生出香奈儿这个品牌。可见，国家的社会、历史文化发展才是品牌获取风格与文化价值的源泉。消费者对于这一类品牌的感知和需求，必然是在产品的使用价值和实体之外，来自异域的文化内涵与风格气质才是他们选择品牌的理由，而品牌本身就是国家历史与文化的携带者，品牌的文化与国家文化相关，才可能从品牌风格中投射出国家的风格。

---

① 夏青. 时尚品牌的风格与文化内涵之关系研究 [D]. 上海：上海师范大学，2015.

　　消费者对于品牌文化的感知是由外而内逐层递进的。他们通过品牌表层的设计或简单信息感知到品牌的差异性以及品牌背后的国家模糊的样貌，但是缺乏对国家形象的具体细节了解；当他们对品牌的了解深入一些，关注到品牌背后的历史和文化背景，则能够从中感受到品牌的发展与所处国家当时的社会政治历史环境的关联，感知到国家形象中历史文化方面较为具体的内容；如果更进一层，消费者对品牌的了解深入到价值观层面，产生品牌体验，甚至加入自己的思考，体会到品牌的精神理念，则将与品牌相关的一切信息相互关联，对品牌身后的国家观念和精神也会有所了解。因此，对于品牌文化的了解越深，对于品牌所在国家的文化了解也有机会了解得更深。通过品牌文化感知国家文化的机制作用如下图所示：

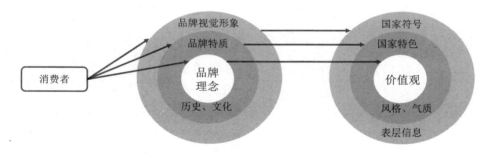

图 23　通过品牌文化感知国家文化的过程模型

　　吉尔特·霍夫斯泰德认为，不同社会群体的文化差异由外而内地通过符号（形象、信号、表象、物体）、英雄（人物、楷模）、仪式（集体活动，社会庆典、节日等）和价值观表现出来，符号代表了文化的最外面最容易被识别的表层，而价值观则是最深层表现。[①]社会学家们一般认为，文化由六种基本要素构成：信仰、价值观、

───────────

① 吉尔特·霍夫斯泰德.文化与组织——心理软件的力量 [M].北京：中国人民大学出版社，2010：6-7

规范和法令、符号、技术、语言，并从内部核心向外部表层扩散。我国学者许静、韩晓梅（2016）将国家文化软实力划分为从文化的物化形式（文化符号、文化产品）、文化的精神内核（价值观、思维方式、信仰）以及文化的传播渠道（民众与杰出人物、文化团体/组织、大众传媒）三方面内容。[①]可见，学者们一致认为国家文化的构成并非是一种并列结构，而是一种从边缘走向核心的洋葱状结构。在国家文化的最外层为语言、文字、符号等表层信息，相当于品牌的形象识别部分；而中间层为国家的人物、规范、法令、历史与文化等展现出国家特色的部分，相当于品牌的特质、理念、风格以及历史与文化部分；国家文化的核心部分则为文化价值观部分，是长期不变的精神内核。

各个国家会根据地理、自然、资源等客观因素形成不同的习俗、文化和制度，以此形成各国差异化的文化价值观念和意识形态，而文化价值的多样化，带来国家形象的多样化。[②]品牌作为商业时代大众消费的产物，本身就具有传递国家文化价值的能力。

1.品牌具有文化价值

品牌除了提供给消费者以使用价值外，本身就具有文化价值。马克思认为，人的本质力量凝聚在劳动产品上，劳动以及产品成为人的本质力量的表现方式，消费品的最根本用途是实用价值，消费行为大都是为了满足生理需要，除此以外，被消费的物品还具有交换价值。[③]在今天，这种情况已经发生了巨大的改变，当社会的生

---

① 许静，韩晓梅.品牌国家策略与提升中国文化国际影响力——基于印尼"中国文化印象调查"的分析 [J].外交评论：外交学院学报，2016（3）.

② 范红.论国家形象建设的概念、要素与维度 [J].人民论坛·学术前沿,2016(4).

③ 卡尔·马克思.资本论 [M].北京：人民出版社，2004.

产过剩，为剩余产品寻找出路时，就产生了消费文化。在消费文化兴起后，人们纯粹追求商品使用价值的时代过去，产品的实用性逐渐让位于品牌的符号性。意义的消费、价值的消费、情感的消费、体验的消费成为消费者新的追求。品牌需要为消费者带来社会的认同、心理的认可、情感的偏好、历史的意义等，其作用都是来自精神领域。因此，消费文化下的品牌消费不仅包括了物质的消费，更有精神与文化的消费。酒店提供的服务不仅是床品的舒适，还有走进大堂就能感受到的特有的香味。品牌提供的气氛，情调、风格成为消费者更为看中的要素。时尚的、简约的、复古的、怀旧的、传统的、潮流的，一切都是为了激发消费者的购买欲望，而不是实际需求。鲍德里亚认为"消费文化一方面为消费行为寻找出更多、更新的意义和购买合理性，一方面又不断地刺激出新的消费欲望，因此消费文化最终其实是表达某种意义或传承价值观念的符号系统，消费的客体成为一种符号价值"[1]。这种消费文化诱导大众购买具有"品位"和价值的商品，热爱有"格调"和风格的商品。[2]

菲斯克（2010）也认为，商品除了交换价值和使用价值之外，还具有文化价值。文化要素是商品重要价值之一。例如消费者对于牛仔裤的功能需要是舒适、耐穿、便宜，但只有这些功能，商家无法将自己的牛仔裤与其他品牌的牛仔裤区分开来，为了获得利润，商家需要积极地重视消费者的文化需求，将自己的牛仔裤赋予一种文化功能，使其能为消费者所用，以构造有关自我、社会身份认同以及社会关系的意义。消费者穿着李维斯的牛仔裤，意味着他们接受了牛仔裤中被赋予的意识形态，是李维斯以为美国掘金和采矿工

---

① 让·鲍德里亚.消费社会 [M].北京：社会科学文献出版社，2006.

② 约翰·菲斯克，杨全强译.解读大众文化 [M].南京：南京大学出版社，2006.

人提供牛仔裤的历史和创始人奋斗自强的故事所构建出的美国梦；而消费者穿着迪赛 Diesel 牛仔裤，则认可的是意大利的性感设计和穿着时的活力不羁。人在社会中的位置可以通过消费活动也就是对品牌的选择而呈现出来。消费品以及消费风格成为人们表达社会意义的新方式。① 消费方式具有维持和建构身份的作用，正是消费者的选择建构了他们自身的身份以及对于社会文化的认知。而社会大众对外来物品的接纳是对外来文化的全新认知，并将文化融入自己意识体系中的方式。

2. 品牌是文化的示踪原子

人们是透过文化来观察世界的，文化是人们的整体生活风格、共享的思想、象征、偏好以及物质材料。当经济发展和消费能力达到一定水平时，生活必需品消费比重减少，发展资料和享受资料的比重逐步上升。当前社会中，食品消费比重下降，中高档耐用消费品比重增加，用于精神消费额的比重大于物质消费。② 同时，由于大众的需求和消费文化的原因，曾经是解决实用性的物质性消费产品，也开始具有文化和精神消费的属性。例如，手表、皮包甚至牛仔裤，他们为消费者所提供的精神文化价值与身份认同早已超越了产品本身的功能属性。越来越多的物质消费必须转向精神消费才能够具有竞争力，因此品牌中精神文化部分的比重越来越多，消费生活不仅反映物质水平，更能够反映精神文化生活。所以，品牌成为文化传播的新渠道，并成为人与文化之间的联结。

在生物学领域中，用放射性同位素标记生物体的某些物质中的某种难以观察到的原子，追踪其变化的过程和途径，称为示踪原子

---

① 尚·布希亚.物体系 [M].林志明，译.上海：上海人民出版社，2001：224.

② 姚建平.消费认同 [M].北京：社会科学文献出版社，2006.

法。如果说文化的生成、传播与融合是社会发展过程中缓慢进行、难以被明显观察到的现象，那么品牌就犹如帮助文化显示其传播踪迹的放射性同位素。将文化元素融合于品牌之后，通过大众的对于品牌的选择，以品牌建构出自我身份以及对文化的认同，从而使品牌能够展现文化发展的走向。品牌于是成为文化的示踪原子，而品牌的传播与发展，促进了人类文化的传播与融合。

莱维特说，世界正经历着一个全球化的过程，所有文化将融合成一个公共的全球文化。[①] 在世界不同的角落，人们都可享用同一品质的产品，享受产品带来的文化价值理念。人们在饮用可口可乐、品尝麦当劳同时，就受到美国大众文化的影响。遍布世界的麦当劳与星巴克，让不同地区、不同宗教、不同种族的人接纳着同样的品牌价值观念，经济全球化正在通过品牌将人类社会连在一起。

然而，品牌在同化全球文化的同时，也携带者各国文化与价值观念帮助大众识别不同国家的文化差异。例如，欧洲的奢侈品品牌只可能诞生在法国和意大利，不仅是因为那里的文艺复兴是奢侈品生长的土壤，以长达百年的文化艺术滋养为奢侈品品牌的出现提供了客观条件，还因为欧洲的历史和社会环境，法国路易十四制定的各类烦琐细致的宫廷礼仪以及提升宫廷所用建筑设施，使得社会要耗费大量资源，生产大量精美的奢侈品满足上层社会的需求，而民间则努力模仿贵族阶层的生活方式，使得上层社会及宫廷习俗会向民间传播，奢侈品就以实体的形式不断将贵族文化推广至民间。随后法国奢侈品的发展影响了意大利、英国、西班牙、德国和瑞士等国，各国根据各自的宗教、文化和历史特色，都赋予了品牌不同的

---

① Theodore Levitt, The Globalization of Markets[R]. The Mckinsey Quarterly, 1984

风格和气质，而各国的品牌也成为这些历史与文化的承载。如被访者 R25 提到"祖马龙香水的包装看上去很英国，整体的风格有英国式的暗黑禁欲系色彩，这种风格不同于北欧的禁欲系，是英国宗教发展中所特有的"。而被访者 R13 认为 D&G 品牌非常能够代表意大利，品牌在使用大量的西西里花纹的同时又会结合文艺复兴时期佛罗伦萨的建筑元素，这些也是意大利在艺术发展过程中所特有的。被访者 R12 深爱在西班牙购买的本土服装品牌 Bimba lola，认为其很有西班牙的阳光和地中海风格。

大众对于不同品牌的追逐和喜好，实际上就是在接收来自各国不同的文化和历史特色。

3. 品牌与文化共振加强传播效果

从商业的角度来看，通过电影、电视剧等文化内容植入品牌，或者赞助体育赛事、重大活动等是品牌推广的手段，能够稀释品牌赤裸裸的商业化目的，同时润物细无声的影响消费者。然而，各类文化形式又何尝不是在借力品牌的触角传达到更广的世界。当下的品牌强国如美国、韩国、法国等国家就十分会利用品牌与文化相结合，达到品牌与文化的双赢。自从 2004 年法国使馆开展中法文化年之后，不断推出香奈儿展、迪奥展等，展览中以五光十色的产品吸引大众时，品牌的历史文化也折射者着国家的历史文化发展，2017年 4 月开始在故宫博物院展出的"尚之以琼华——始于 18 世纪的珍宝艺术展"就是以法国的 Chaumet 珠宝品牌的发展历程来展示法国贵族十八世纪以来的珠宝文化与品位。2015 年江诗丹顿赞助的日内瓦艺术与历史博物馆与首都博物馆联合举办的"日内瓦：时光之芯——瑞士钟表文化之源"展览，展出了大量顶级品牌手表，这个展览从品牌角度来看，在推动品牌传播的同时，整个展览其实是一部生动的瑞士手表产业发展史。被访者 R26 提到，"每次世界杯和欧洲杯期间，各支球队会有本国的时装品牌给足球队赞助西装，在出征前发出一张合影。印象最深刻的是意大利队，不仅队员帅，服装还是阿玛尼赞助。他们每年会穿着不同面料和款式的西装，给人印象特别好，那张合影的照片很有冲击力。"借助足球赛事，品牌得以传播；而借助品牌赞助，足球赛事也显得更有魅力，可见品牌与文化的相互借力是共赢的。

一些国家的文化形式通常会通过奢侈品品牌，搭载以展览、舞台剧、马术活动等形式表现，文化与艺术形式与品牌的结合，始终是阳春白雪，较多用于奢侈品领域。而高雅文化的大众接触面有限，大众文化及大众品牌更易于被大众接受的多样的文化形式去传播。美国之所以能将大众消费文化传播至全世界，首先是大众文化本身的草根性能够被更多受教育较少的人群广泛地轻松接受，其次是大众文化能够与商业非常紧密地结合在一起，通过消费品牌品牌，大众文化能够拥有更广泛的接纳度。美国善于将高雅文化进行大众消费的普及，如法国的咖啡文化正是经过了星巴克的标准化之后以连锁店的方式将其推广到遍布世界各地。而针对欧洲的奢侈品，美国会完全以市场为导向推出"轻奢"的概念，并将品牌与娱乐文化相结合。如有被访者 R7 提到，"想买 Michael Kors 的包，不仅很喜欢它的设计，还因为自己喜欢看美国综艺《天之骄子》，而 Michael Kors 本人是节目评委导师，其个人魅力让这个品牌看上去也更容易接受，选择了这个品牌的包就是相当于把偶像背在了身上。"相反，俄罗斯也非常重视展示文化和教育系统的优越性，并在艺术领域投入巨资，拥有世界一流的基洛夫芭蕾舞团等但却没有进行积极有效的大众普及，导致了其输掉了大众文化之争。在科技、古典音乐、芭蕾、体育等领域，俄罗斯文化虽然有巨大的吸引力，但由于缺乏品牌这种大众化的传播载体，因而无法传播到更广的空间。①

韩国正是学习了美国的做法，一方面以韩剧、综艺和明星打造韩流文化，一方面以大量的日用消费品如化妆品、家电产品承载流行文化，将其推广到亚洲及世界各地。韩国的电影电视剧中有大量的品牌植入，同时品牌也代表了韩国的国家特色。被访者 R21 提到，"去换家里的门锁，看到三星的门锁卖得很好，特别多年轻人买，销售说这就是《来自星星的你》那部剧里用到的。但是那个锁外壳是塑料的，用料不是很好，单纯做得好看，产品质量很一般。感觉韩国虽然制造业也很厉害，但是缺乏了日本的那种工匠精神，比较会做表面功夫。"可见韩国流行文化与品牌之间是相互影响的，过于追求营销和潮流，能迅速炒热一个品牌，然而品质却可能得不到保障。

品牌与文化之间是可以相互借力的。尤其是在国家文化层面上来看，因为品牌自身对于文化的示踪效应，品牌的赞助和植入能够帮助品牌进行更广泛的传播。而品牌也能够借助文化元素获得更好的消费认知。

三、消费者个人因素

作为认知主体的消费者在国家形象建构有重要的地位，通过品牌所建构出的国家形象认知，必然会因为认知主体自身的差异而表现出不同的结果。在探讨品牌和国家形象的关系时，消费者个人的经

---

① 〔美〕约瑟夫·奈. 软实力：权力，从硬实力到软实力 [M]. 北京：中信出版社，2013.5.

历、喜好、态度等，都会影响他们对于品牌和国家形象的评价。

　　从消费者访谈的数据和编码，根据消费者谈到通过不同品牌对国家形象产生不同认知时，消费者个人情况这一范畴，在开放性编码阶段，本范畴获得了四级共7个编码或范畴的支持而被判定为核心范畴，包括个人经历、文化认同、知识储备和民族情结。在选择性编码阶段，该范畴又获得了相关理论和已有研究作为参照和支持，因此以形成图24，使用思维导图软件Mindmanager 2016进行开放性编码获得"消费者个人因素影响通过品牌认知国家形象"这一范畴及对该范畴进行选择性编码的截图，根据访谈中对能够影响品牌建构国家形象认知的消费者因素进行分析，主要有以下几类：

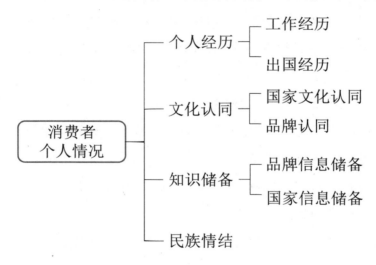

图24　对国家形象认知造成区别的消费者个人差异

（一）个人经历

　　对国家形象认知最为直接有效的渠道是亲身体验。对于亲自去过的国家，在谈及国家形象时，消费者可以引入大量的具体细节去描述，并且描述角度非常多样化。在这种对国家形象具有充分了解的情况下，品牌的作用力则非常有限。如被访者 R1 提到，"对日本的认识从小来自学校的爱国主义教育，对这个国家并没有好感，然而这些年来频繁接触了日本的产品，对于日本有了一些改观，然而最大的改观还是一年前他亲自去日本的经历"街道干净，人的素质极高，上电梯排队，过马路排队；垃圾分类特别严格，特别整洁有序，觉得这个国家真是不佩服不行"。可见，对于国家形象的改观，最直接的方式仍然是亲身经历。而被访者 R16 虽然也提到了去以色列旅游时购买的产品，但是对产品的使用感受则更大程度上是对她直接体验的国家形象的一种弥补："几年前去以色列，对那里的感受还是挺多的，因为我是基督徒，之前接触的，感觉现在都活起来了。以色列真的是个很特别的国家，吃的东西也很特别，《圣经》上说这里是流牛奶和蜜的地方，感觉那里很蒙受祝福。当时逛饰品店，当时看买了一个小的品牌是独立设计师的，很特别，质量也很不错，很多年都不会坏。他们的商业理念就是注重名誉，注重长期的发展，物有所值。"经过亲身体验，能够形成对于一国的综合性认知，这种来自体验所形成的观念和态度，是难以改变的。因此，如果当消费者拥有对某国深刻的认知，那么品牌对于他建构国家形象认知的作用可能是微不足道的。

另外，消费者的工作经历让他们在面对品牌时注重的要素会不同，也会影响他们通过品牌对国家形象的认识。例如，被访者 R13 本身就是品牌营销工作者，所以他认为"很多品牌用故事、精神去打动人，这对我来说就是营销噱头。产品真实的品质做工，实际的价值，才是我看中的。所以我买包看中的是爱马仕选择的顶级皮革而不是它的皇家背景"。对于拥有不同工作经历和背景的消费者来说，他们重视的品牌要素不同，也会使得他们通过品牌建构国家形象形成不同的认知。

（二）文化认同

消费者对于品牌的认同是品牌建构国家形象的重要因素之一，而他们对于国家的认同，也会影响这一过程。

詹金斯指出认同一词有两个含义，第一是同一性，及两者之间的相同或者同一；第二是独特性，表现为在时间跨度中所体现出来的一致性和连贯性。同一与差别是认同的两个不同方面，认同解释了相似与差别之间的关系。[①] 因此，消费者在认同的同时，首先确认的是自身与品牌之间的关系是否能够匹配，其次是将认同的品牌与其他品牌进行差异化的识别和差别化的对待，在这个过程中，认同产生作用，消费者对不同文化的认同情况会影响他们对待品牌乃至国家的看法。例如，被访者 R8 就表示"阿迪（达斯）的广告风格我看不懂，太怪异了，每次阿迪出新广告我都看不懂。不过耐克的广告风格我确实很喜欢，毫无疑问是美国的。阿迪是德国的。"正是因为他耐克的认同和对于阿迪达斯的疏离感，导致了对于两个国家也会产生不同的距离感。而消费者会根据他所认同的文化去选择他认同的品牌，从而从品牌的体验中感知的国家文化的特色"。如 R9 认为，"觉得美国的东西，比较实用，比较舒服（穿的、看的、企业文化，给人感觉很舒服），很有特点（各种场合都能找到适合自己的衣服）、销售方式广告等个人都比较喜欢。就觉得美国货还是比较好的。美国的舒适文化，营销广告方式容易被接受，所以对美国的文化都比较容易理解。"

---

① 沙莲香.社会心理学[M].北京：中国人民大学出版社，2009.

约瑟夫·奈认为，对外传播的所有信息都要经过文化的过滤，[①]文化是一个复杂、多面的结构。克雷茵和莫里斯（Klein 和 Morris，1998）的研究表明，文化因素会调节消费者对品牌的态度。一些关于来源国效应的跨文化比较研究也显示，不同国家的消费者对国外产品的态度截然不同，如日本和美国的消费者对外国产品的态度就有明显的不同（Nagashima，1970），而这些不同，则会进一步影响他们对于国家的态度。因此，消费者对于品牌产生文化的或身份的认同，才可能通过品牌构建国家形象。

对于品牌广告、品牌风格和产品的认同，让消费者能够更为关注品牌相关的信息，能够将品牌与国家产生较强的联想。

（三）知识储备

消费者会根据自己已有的知识储备去判断品牌和国家形象。而国家形象可能来源于一个人对很多大量简短解码后的储存，尤其是在低卷入度时，消费者的判断可能是一种非常草率的认知过程。在面对新的品牌信息时，他们选择接受自己知道的信息，并且选择与自己认知一致的信息去填充脑海中缺失部分，也会选择接受期望看到的信息。[②]这就决定了大部分情况下，消费者对于品牌的认知是在已有的国家刻板印象之上，所形成的一致性补充，品牌信息补充或者加深原有的国家印象。

对于大多数事物，人们是先了解、思考他们，然后再去亲身经

---

① 约瑟夫·奈.软实力：权力，从硬实力到软实力[M].北京：中信出版社，2013.

② Kotler, P. and Gertner, D.（2002），"Country as brand, product, and beyond: a place marketing and brand management perspective", Journal of Brand Management, Vol. 9 Nos 4/5, pp. 249-61.

历。出于省力原则和自我心理防护的需要，人们一旦产生某种刻板印象就很难摆脱。在人们认知世界的过程当中，感情、习惯和偏见起到极大的作用。因此，刻板印象对于人类认知新事物具有重要的影响（沃尔特·李普曼，1989）。

被访者 R25 和 R17 提到过同一个日本珍珠品牌，但是由于 R17 之前对于日本的设计风格和文化已经有了相关知识积累，所以认为这种叛逆的品牌风格与日本文化风格比较吻合，并没有产生出乎意料的与自身认知不协调的现象发生，品牌认知与国家印象一致——"日本的珍珠的品牌，tasaki，把珍珠做得很野性，有很多小尖牙，这个品牌还蛮触动我的，年轻人很喜欢。因为日本文化也有很多暗黑的部分，感觉他们就是有不符合常理的一面，所以我觉得他们有这个牌子也正常；而 R25 的已有知识储备中并没有"日本文化的叛逆性"这一储备，因此并就无法将这个品牌与日本相联系起来——"我知道个珍珠的品牌，设计算是在珍珠品牌中比较新颖的，很活泼。（是 tasaki 吧，这是日本品牌）对！竟然是日本品牌？我之前不知道它的名字。那和我的猜测还挺不一致的。因为这个设计比较大胆，比较欧美范儿，不像是日本的那种传统的设计风格。"可见，刻板印象的存在能够影响消费者对于品牌的判断，从而影响他们头脑中品牌与国家形象之间关系的建构。

（四）民族情结

某些消费者对于某品牌可能有极高的认同，然而，会因为品牌所处的国家触发了他心底的民族情结，而却不愿意承认他所钟爱的品牌与国家形象之间的关联。在某种程度上，具有民族情节的消费者在他们通过品牌建构国家形象认知是存在心理障碍。

已有大量文献证明，消费者的民族情结会影响他们的品牌态度。例如，具有民族情结的消费者，可能更不愿意去购买国外商品，而是尽量选择国内的商品（Durvasula&Lichtenstein，1991）。还有学者用消费者仇视这一概念，来说明消费者会受到一些国家的军事、政治、经济等事件的影响，对某国产生负面认知，对这些国家的产品连带地产生了仇视，从而影响其购买行为，最终放弃这些国家的产品（Klein，Ettenson&Morris，1998）。消费者不买某国的产品，并不是因为产品质量、设计等产品本身的问题，而是因为产品来源国的某方面行为引起了他们的反感。

国家的、民族的因素能够影响品牌的选择，反过来，消费者的民族情结也极大地影响了他们通过品牌去建构国家形象认知。例如，被访者 R10 表示"我个人有比较严重的历史情结，对日本以及日本的产品都不太感冒，买东西的时候能避免就尽量避免，但是斯巴鲁这个车越开越觉得好，特别省心，特别满意。"被访者 R4 也表示"对日本的印象很不好，自己的历史情结比较重。日本不承认历史，做了很多伤天害理的事情，平时很少关注这个国家。但是相机被日本垄断了，别的品牌确实不太合适，只好买佳能，用起来还不错"。更有被访者以选择单价较低的产品来减轻内心的负罪感，"给孩子入口的，比如糖什么的，都会买日本的。还有日本的化妆品，SK-Ⅱ、资生堂的高端系列一直都在用。我个人会买日本的小东西，但是绝对不会买车。因为那些饼干化妆品都是小东西，钱数比较少。但是车是大件，钱数比较多。这可能是自欺欺人吧，但是这样我会稍微安慰一些"。可见，很多中国消费者对于日本都有较深的民族情结，来自日本产品的优良体验也并不能改变他们对于日本国家形象的看法，一方面会肯定日本品牌的高质量和好性能，一方面又会极力否定日本错误的政治和历史倾向。

积极态度与消极态度并存，这种对于一国近乎分裂的评价，说明了国家形象构成的多元和消费者看待问题的角度。国家形象并不是各种要素的加权平均值，而是大众对于国家形象各种构成要素进行评价，他们更重视哪个要素，则国家形象就具有哪方面的倾向。对于制造业的实力和国民素质，消费者会给予日本正面的评价；然而在面对历史和政治立场时，受众角色从"消费者"转换为"中国人"，从民族的角度去给予负面的评价。谈到对日本的国家形象的认知，认知主体会清晰地将两方面的问题分别来看，肯定一方面的同时对另一方面持有保留态度，自身却并不认为这两种看法相互矛盾，他们会根据不同的情境，选择更看重的要素去考量国家形象。因此国家形象并不是一成不变的稳定的形象，而是会根据消费者的视角和情境发生改变。

第七章 研究发现、贡献与不足

一、主要研究结论和主要贡献

（一）研究结论

1. 品牌可以从多角度建构国家形象认知

品牌作为一种复合型的概念，本身具有多种内涵。根据消费者的侧重点有所不同，品牌中各个要素对于他们认识国家形象也具有不同的作用。品牌自身的产品部分中，产品的质量、性能、技术等要素，不仅仅代表了品牌的品质，还代表了品牌背后国家中的国民素质、性格和国家相关产业的及技术发展状况；品牌的风格、历史与文化背景及品牌观念，不仅为品牌自身提供差异化的特色，还能够反映国家的风格、历史文化与国家精神；品牌的企业管理和企业领导者，不仅反映了品牌自身的魅力，也反映着国家的经济制度和国家政策环境。

在互联网不断发展的今天，大众的消费习惯越来越细致多样，不断精致化发展。消费者对于品牌的追求已经从追求炫耀到追求内向化的生活品质提升，从追求性价比到追求实际的价值，从追求大品牌到不断挖掘小众优质品牌。消费者对品牌注意力的分散，非知名品牌也有机会获得消费者的关注，社会的宽容度已经允许那些除了强势品牌之外的小而美的品牌在市场上站稳脚跟。

从本研究中可以发现，品牌知名度和市场占有率较高的品牌，能够涵化国家形象，让自身的品牌特性成为国家形象的特性，并且能够依靠一己之力补充或者改变消费者对于国家形象的认知。品牌在消费者心目中占有率高的品牌，或者与国家形象之间关联紧密的品牌，也一样可以从不同的角度去建构国家形象。因此，对于难以雄霸市场的中小品牌，可以从细分市场中得到某类消费者的集中关注，加强品牌差异化和个性化的塑造。在品牌能力不足以强大时，还可以借力国家形象特色，加强与国家文化方面的一致性，或者借力国家的优势产业，发展自身的品牌实力。当他们在消费者心目中占据一定地位之后，则有机会帮助消费者建立国家形象认知。

2. 品牌对国家形象的建构心理机制和影响因素

品牌对于国家形象的建构作用是的确存在，并且是具有因果关系的。从消费者的视角和心理来看，当消费者对国家形象具有一定的了解时，消费者会将品牌作为一种线索去补充对于国家形象多角度的认知，并将品牌作为提供相关认知的证据；当消费者在对国家了解不足时，对品牌的态度可能改变国家形象的认知态度；当消费者对某品牌具有认同感和情感时，可能会将对品牌的情感和体验转移到国家形象；而更多情况下，消费者不会改变对国家形象的既有认知，而是将对品牌的了解去印证他们心目中已有的国家形象；正面的品牌形象未必会带来正面的国家形象认知，而负面的品牌形象则很可能会带来负面的国家形象认知。

在消费者通过品牌建构国家形象的过程中，品牌的是否在市场上拥有足够的知名度和市场占有率，决定了品牌涵化国家形象的程度；品牌是否在消费者心目中占据不可替代的地位，则决定了品牌是否可以对国家形象产生晕轮效应；品牌与国家产业的相关性，让消费者能够通过品牌对国家产业力量产生联想；而品牌与国家文化的一致性，则决定品牌与国家形象在消费者的心目中是否形成了一致性的风格。此外，消费者个人的经历、知识储备、文化认同以及民族情结，也会影响着这个过程。

3. 品牌对于国家的产业驱动力和对文化的传播力

全球化的今天，各国之间的竞争终究是经济实力和影响力之争。在经济发展方面，经济总量排名世界前三的中国，虽然拥有最多的人口数量，是全球最大的消费市场，但品牌的力量依然薄弱，要创造更高的附加价值，只有依靠中国的品牌而不仅仅是大量生产制造的产品。而一个行业的优秀品牌，能够有机会带动整个行业的发展，成为国家优势产业的驱动力。例如，华为多年来在海外市场的耕耘，使其成为 Interbrand 全球品牌榜上排名前 100 的中国品牌，在华为带动下，中兴、小米以及相关领域大唐、四达等一系列信息通讯领域的品牌纷纷开拓海外市场。正是在这种多个品牌聚集的产业集群效应下，中国的信息通讯产业能够在全球市场上崭露头角，从而给国外消费者留下"来自中国的手机、通讯品牌较为可靠"的印象，从而形成优势产业。另外，以海尔为龙头，海信、TCL 等为代表的家电品牌，也正在将中国的家电产业塑造为优势产业。正是领头羊品牌的创新与投入，才有其他中小品牌的跟随，在产业聚集效应作用下，让品牌成为产业发展的驱动力。

品牌也能够提升国家文化传播力。中国的传统文化对于西方甚至全球世界来说依然是神秘而难以接触的，即使有大量的文化交流工作，在西方话语权占据主导地位的今天，中国文化在世界范围内的传播进展依然缓慢。因此，依靠能够代表国家软实力形象的品牌，与国际社会大众进行具体生活需求层面的接触，获得良好的品牌传播效果，才可能依托品牌这一传播载体逐渐渗透大众生活，逐渐提升国际影响力。近年来，与中国传统的中医药文化、饮食文化相关的品牌如马应龙软膏、老干妈辣酱等品牌在西方市场受到追捧。正是这些产品自带的中国文化价值，对于西方消费者来说充满了神奇的魅力，产品本身的品质和设计水平能够满足消费者需求，则会为国外消费者带来产品使用价值之外的，中国文化价值的传递。

（二）研究贡献

1. 理论意义：来源国效应的逆向追溯

国外对于国家形象的研究大部分在于基于产品视角的来源国效应，来源国形象会影响消费者对于产品和品牌的选择。然而，来源国效应也并非天然存在，国家形象对于消费者产品选择的背书并非天然存在。来源国效应究竟是一种结果还是一种过程？来源国与品牌之间是品牌先影响国家，还是国家形象先影响品牌？目前学界仅对"国家形象→产品"进行单方面的来源国效应机制研究。而本文从通过消费者对于品牌的认知入手，探讨品牌如何通过自身的产品、文化、背景以及带给消费者的认知与体验来构建消费者对于来源国国家形象的认知，最终获得是"品牌→国家形象"的关系建构，最终证明实实在在来源国效应形成之前，正是品牌的力量带动同行业相关品牌发展，形成国家的优势产业，才使得来源国效应得以形成，为更多品牌提供背书效应。因此，本研究是对于来源国效应研究的一种深化。

2. 实践意义：品牌是国家形象认知建构的柔性力量

全球化发展的今天，品牌所提供产品与服务，可以轻松地跨越国境和文化藩篱，融入全球各地的市场去满足当地消费者的需求。因为消费需求的存在，品牌所能到达和传播的地理空间，或许比媒体、文化形式等其他国家形象传播渠道更广，更容易被大众所接受。

品牌之于国家形象的研究，是立足于国家形象的建构。大量学者通过对媒体的研究，提出现实有效的国家形象传播手段。更有学者立足于政府行为下的国家形象宣传、对经济欠发达国家进行基础设施建设，对遇灾难国家进行人道主义救助等，研究其对于中国国家形象的塑造和软实力的提升。然而，如何在当前国际形势中以柔性的手段加强国家的软实力，是一项长期的战略计划。我国政府同时也意识到，品牌是企业乃至国家竞争力的综合体现，代表着供给结构和需求结构的升级方向。品牌的发展不仅对于本国的经济和商业具有重大意义，对于产品的出口以及文化的传播都具有重要意义。

从本研究中能够发现，品牌不仅能够建构国家的经济、技术、产业等实力形象，还能够建构国家的文化、历史、价值观等软实力形象，能够深入国际大众的日常生活中，通过对他们日常需求的满足而传递中国的文化价值观和影响力。品牌的发展，能够使得国家形象中的产业发展与软实力提升的双赢效果。

二、研究不足与展望

（一）研究不足

首先，本文对于建构国家形象的品牌要素进行了分析，然而在具体的分析过程中，品牌的要素拆分不够细化，每个要素对于国家形象认知的建构机制研究还比较粗略，没有进一步深入探讨每种要素的成因及与国家之间的关系。

其次，本文对于消费者建构国家形象认知的心理机制研究得不够全面，对于不同心理机制上的理论建构还有待深入。

最后，本研究仅建构了初步的品牌建构国家形象模型，然而模型中的每一组关系都只是探索性地研究，仅有较为初步的逻辑关系，具体的关系强弱、系数、影响因素等还需要通过量化的研究方法进一步证实。

（二）研究展望

本文属探索性研究，通过扎根理论和消费者访谈建立了品牌建构国家形象认知的初步模型。然而这个模型是通过大量一手和二手资料进行概念化提取后不断建构出来的，各个因素之间的关系强度和有效性，需要进行进一步的验证。因此，在接下来的研究中，模型中的每一组关系都可以进行定量研究以验证其关系的强度和影响因素。

其次，在改革开放至今40余年的发展中，我国企业在国家化道路上也为海外消费者展示了中国的国家形象，不同的品牌在不同的阵营中发展出截然不同的道路。对于我国企业的国际化道路中对国家形象的塑造研究，具有一定的现实意义。例如，一些央企如中国建筑、中国交建、中国铁建、中国中铁等企业，在国家政策的支持下，通过在海外进行基础设施建设和大型工程实施，塑造了中国"负责任的大国"形象；海尔、联想、华为带动下的海信等品牌，已经将我国的家电和通讯业塑造成为国家优势产业，相关的品牌类型即使当前知名度较低，也可以借助产业优势在海外打开市场，并代表着中国的产业实力；而老干妈、同仁堂等老字号企业，其产品本身就是来源于中国的传统文化，与中国文化与历史息息相关，这种文化的一致性，则帮助国际大众继续加强了中国的文化形象，进一步将中国形象推广到更多国际大众面前。然而，中华文明厚重久远，当前能够承载文化一致性的品牌无论在数量、市场占有率还是知名度上都有待提升。这些不同类别的中国企业，如何在海外发展过程中对国家形象的进行良性的塑造，不同类型的企业能够承担哪方面的职责与中心，也可以作为下一步的研究方向。

参考文献

[1] 刘继南. 国际传播与国家形象 [M]. 北京：北京广播学院出版社，2002（3）.

[2] 程曼丽. 大众传播与国家形象塑造 [J]. 国际新闻界，2007（3）.

[3]〔美〕塞缪尔·亨廷顿. 文明的冲突与世界秩序的重构 [M]. 北京：新华出版社，2010.

[4]〔美〕约瑟夫·奈. 软实力：权力，从硬实力到软实力 [M]. 北京：中信出版社，2013（5）.

[5]〔美〕凯文·莱恩·凯勒. 战略品牌管理 [M]. 卢泰宏，吴水龙，译. 北京：中国人民大学出版社，2009.

[6]〔美〕约翰·非斯克，杨全强译. 解读大众文化 [M]. 南京：南京大学出版社，2006.

[7]〔美〕戴维·霍尔. 大转折时代——生活与思维方式的大转折 [M]. 北京：中信出版社，2013.

[8]〔美〕韩德尔·琼斯. 中国的全球化革命 [M]. 北京：机械工业出版社，2014.

[9]〔美〕乔舒亚·雷默. 中国形象：外国学者眼里的中国 [M]. 北京：社会科学文献出版社，2008.

[10]〔美〕大卫·艾克.创建强势品牌 [M].北京：机械工业出版社，1996.

[11] 古希腊 修昔底德.伯罗奔尼撒战争史 [M].谢德风，译.北京：商务印书馆，1985.

[12] 李普曼（Lippmann，W）.舆论学 [M].林珊，译.北京：华夏出版社，1989.

[13] 李智.中国国家形象全球传播时代建构主义的解读 [M].北京：新华出版社，2011.

[14] 刘辉.国家形象塑造：大众传播不可承受之重 [J].现代传播，2015（12）.

[15] 罗伯特·吉尔平.世界政治中的战争与变革 [M].宋新宁，杜建平，译.上海：上海人民出版社，2007.

[16] 迈克尔·波特.国家竞争优势 [M].李明轩，邱如美，译.北京：华夏出版社，2002.

[17] 沙莲香.社会心理学 [M].北京：中国人民大学出版社，2009.

[18] 孙有中.国家形象的内涵及其功能 [J].国际论坛，2002.

[19] 王晓璐，孙卫华.产品品牌与国家形象传播研究 [J].新闻知识，2012（3）：6-7.

[20] 夏青.时尚品牌的风格与文化内涵之关系研究 [D].上海：上海师范大学，2015.

[21] 姚建平.消费认同 [M].北京：社会科学文献出版社，2006.

[22] 张毓强.国家形象刍议 [J].现代传播，2002（2）.

[23] Aaker D A, Keller K L. Consumer evaluations of brand extension. Journal of Marketing, 1990, 54（1）: 27-41.

[24] Dinnie K. Nation Branding: Concepts, lssues, Practice[M]. Oxford: butterworth-Heinemann , 2008.

[25] Han C M. Country images：Halo oh summary construct? Journal of Marketing Research，1989，26（2）：235-256.

[26] Hong S T, Yi Y. A cross-national comparison of country-of-origin effects on product evaluations. Journal of international consumer marketing，1992，4（4）：49-71.

索引

[1] 刘继南.国际传播与国家形象 [M].北京：北京广播学院出版社，2002：3.

[2] 程曼丽.大众传播与国家形象塑造 [J]. 国际新闻界，2007（3）.

[3] 丁磊.国家形象及其对国家间行为的影响 [M].北京：知识产权出版社，2010：114.

[4] 范红.国家形象的多位塑造与传播策略 [J].清华大学学报哲学社会科学版，2013（2）.

[5] 范红，杜宇.产品形象对国家形象的影响 [M]// 国家形象多维塑造.北京：清华大学出版社，2017.

[6] 费小冬.扎根理论研究方法论：要素、研究程序和评判标准 [J].公共行政评论，2008（8）：23-43.

[7] 郭可.当代对外传播 [M].上海：复旦大学出版社，2003：112.

[8] 吉尔特·霍夫斯泰德.文化与组织——心理软件的力量 [M].北京：中国人民大学出版社，2010：6-7.

[9] 江红艳等.企业形象对国家形象的溢出效应——基于有调节的中介模型 [J] 软科学，2015（7）：94-97.

[10] 卡尔·马克思.资本论 [M].北京：人民出版社，2004.

[11] 刘永仁，何永香.产业集群中核心企业管理创新的集群效应分

析 [J]. 经济师，2007（6）：17-18.

[12] 龙成志. 消费品品牌形象的绩效路径研究 [D]. 广州：华南理工大学，2009.

[13] 年小山. 品牌目标市场管理 [M]. 北京：清华大学出版社，2006.

[14] 潘一未. "国家形象"的内涵、功能之辨与中国定位探讨 [J]. 杭州师范大学学报（社会科学版），2011.

[15] 任维雅，李江，谭东风，梅朝阳. 基于复杂网络的国家——产品能力模型构建与研究 [J]. 经济研究，2010，9（10）.

[16] 沙莲香. 社会心理学 [M]. 北京：中国人民大学出版社，2009.

[17] 尚·布希亚. 物体系 [M]. 林志明，译. 上海：上海人民出版社，2001：224.

[18] 沈苏儒. 开展"软实力"与对外传播的研劫 [J]. 对外大传播，2006（7）.

[19] 宋美爱. 关于韩中广告语言的考察 [D]. 上海：复旦大学，2008.

[20] 王毅. 国家形象和品牌形象对于产品评价的影响研究 [D]. 天津：南开大学，2010.

[21] 吴佳. 上海大学生对法国的刻板印象研究 [D]. 上海：上海交通大学，2010.

[22] 许峰. 中日广告的文化差异 [D]. 北京：对外经济贸易大学，2007.

[23] 许静，韩晓梅. 品牌国家策略与提升中国文化国际影响力——基于印尼"中国文化印象调查"的分析 [J]. 外交评论：外交学院学报，2016（3）.

[24] 刘丽英. 传媒文化外交产品，基于双重态度模型理论的国家形象整合营销传播研究 [D]. 大连：东北财经大学，2015.

[25] 中共中央马克思恩格斯列宁斯大林著作编译局.马克思恩格斯选集：第1卷[M].北京：人民出版社，1995：72.

[26] 陈培爱.广告跨文化传播策略[J].东南学术，2004（增刊）.

[27] 陈志和，马爱霞.品牌构成要素研究综述[J].现代经济信息，2012（6）.

[28] 范红.论国家形象建设的概念、要素与维度[J].人民论坛·学术前沿，2016（4）.

[29] 古希腊 修昔底德.伯罗奔尼撒战争史[M].谢德风，译.北京：商务印书馆，1985.

[30] 胡伟.软实力视阈下的中国政治价值与国家形象建构[J].学术月刊，2014（11）.

[31] 黄旦，屠正锋.也谈中国的传媒实力——评胡鞍钢、张晓群先生的《中国传媒迅速崛起的实证分析》[J]新闻记者，2006（1）.

[32] 江红艳，王海忠.原产国刻板印象逆转研究前沿探析[J].外国经济与管理，2011（7）：34-40.

[33] 李普曼.舆论学[M].林珊，译.北京：华夏出版社，1989.

[34] 李晓灵.国家形象构成体系及其建模之研究[J].北京理工大学学报（社会科学版），2015，17（2）：136-141.

[35] 李智.中国国家形象全球传播时代建构主义的解读[M].新华出版社，2011（9）.

[36] 刘辉.国家形象塑造：大众传播不可承受之重[J].现代传播，2015（12）.

[37] 刘小燕.关于传媒塑造国家形象的思考[J].国际新闻界，2002（2）：61-66.

[38] 罗伯特·吉尔平.世界政治中的战争与变革[M].宋新宁，杜建平，译.上海：上海人民出版社，2007：37.

[39] 罗纪宁，赵宇飞.国家形象与国家文化营销 [J].管理学家：学术版，2011（4）：41-51.

[40] 迈克尔·波特.国家竞争优势 [M].李明轩，邱如美，译.北京：华夏出版社，2002.

[41] 沙莲香.社会心理学 [M].北京：中国人民大学出版社，2009.

[42] 孙有中.国家形象的内涵及其功能 [J].国际论坛，2002（3）.

[43] 王晓璐，孙卫华.产品品牌与国家形象传播研究 [J].新闻知识，2012（3）：6-7.

[44] 威廉·大内，孙耀君，王祖融译.Z 理论——美国企业界怎样迎接日本的挑战 [M].北京：中国社会科学出版社，1984.

[45] 夏青.时尚品牌的风格与文化内涵之关系研究 [D].上海：上海师范大学，2015.

[46] 徐进.国家品牌指数与中国国家形象分析 [J].国际关系学院学报，2012（1）.

[47] 阎志军.企业品牌国际化中的国家品牌效应 [J].国际经济合作，2007（9）.

[48] 杨冬云.国家形象的构成要素与国家软实力 [J] 湘潭大学学报，2009（5）.

[49] 姚建平.消费认同 [M].北京：社会科学文献出版社，2006.

[50] 张昆，徐琼.国家形象刍议 [J].国际新闻界，2007（3）：11-16.

[51] 张毓强.国家形象刍议 [J].现代传播，2002（2）.

[52] 中国外文局对外传播研究中心课题组，翟慧霞，黄传斌.2016年度中国企业海外形象调查分析报告 [J].对外传播,2016（11）：22-25,1.

[53] 王志平.索尼公司的公司治理变革与启示 [J].外国经济与管理，2006（5）：61-65.

[54]〔美〕约瑟夫·奈.软实力：权力，从硬实力到软实力 [M].北京：

中信出版社，2013.

[55]〔美〕凯文·莱恩·凯勒. 战略品牌管理 [M]. 卢泰宏，吴水龙，译. 北京：中国人民大学出版社，2009.

[56]〔美〕约翰·非斯克，杨全强译. 解读大众文化 [M]. 南京大学出版社，2006.

[57]〔美〕戴维·霍尔. 大转折时代——生活与思维方式的大转折 [M]. 北京：中信出版社，2013.

[58]〔美〕韩德尔·琼斯. 中国的全球化革命 [M]. 北京：机械工业出版社，2014.6.

[59]〔美〕乔舒亚·雷默. 中国形象：外国学者眼里的中国 [M]. 北京：社会科学文献出版社，2008.

[60]〔美〕大卫·艾克. 创建强势品牌 [M]. 北京：机械工业出版社，1996.

[61] Aaker D A，Keller K L. Consumer evaluations of brand extension[J]. Journal of Marketing，1990，54（1）：27-41.

[62] Aaker D A. Managing Brand Equity：Capitalizing on the value of a brand name [M]. New York：The Free Press，1991.

[63] Abhilash Ponnam，Subhadip Roy，Indian Consumers' Perception of Country of Origin on Organizational Capabilities[J].Journal of Applied Clinical Medical hysics，2009，3（4）：317-22.

[64] Agrawal J，Kamakura W A. Country of origin：A competitive advantage? [J].International Journal of Research in Marketing，1999（16）：255-267.

[65] Allport G W. The Nature of Prejudice [M]. Reading，MA：Addison-Wesley，1965：537.

[66] Anderson J R. A Spreading Activation Theory of Memory[J].

Journal of Verbal Learning and Verbal Behavior, 1983, 22（3）: 261-295.

[67] Azoulay, Audrey & Kapferer J. N. Do Brand Personality Scales Really Measure Brand Personality?[J]. Journal of Brand Management, 2003, 11（2）: 143-155.

[68] Batra , Homer P M.The situational impact of brand image beliefs[J].Journal of Consumer Psychology, 2004, 14（3）: 318-330.

[69] Bello D. C.&Holbrook M. B. Does an Absence of Brand Equity Generalize Across Product Classes?[J]. Journal of Business Research, 1995, 34（October）: 125-131.

[70] Bernd Schmitt, Alex Simonson. Marketing Aesthetics: The strategic management of brand, identity, and image [M].New York: Free Press, 1997:80-119.

[71] Bilkey Warrem J, Nes Erik.Country-of-origin effects on product evaluation [J]. Journal of International Business Studies, 1982, 13（1）: 89-99.

[72] Bond C F, OMAR A, PITRE U, et al. Fishy-looking: Deception Judgment from Expectancy Violation[J]. Journal of Personality and Social Psychology, 1992, 63（6）: 969-977.

[73] Boush D M, Shipp S, Loken B, et al Affect generalization to similar and dissimilar brand extensions[J]. Psychology of marketing, 1987（4）: 225-237.

[74] Cattin P, Jolibert A, Lohnes C. A cross-cultural study of "Made In" concepts[J]. Journal of International Busines. Studies, 1982（13）: 131-41.

[75] C.Whan Park; Bernard J.Jaworski; Deborah J.MacInnis, Strategic Brand Concept-Image Management[J].Journal of Marketing, 1986,50（4）:135-145.

[76] Charmaz, K. Grounded Theory. In Smith, J. A., Harre, R.& Langenhove, L. Eds. Rethinking Methods in Psychology[M]. London: Sage,1995: 27-49.

[77] Chas. W. Freeman, Jr.. Arts of Power: Statecraft and Diplomac[M]. Washington, D.C.: United States Institute.

[78] David L. Calfee.Get Your Mission Statement Working![J]. Management Review, 1993（1）: 54-57.

[79] David W Moore National Attributes and Nation Typologies: A Look at the Rosenau Genotypes}AI .in James N. Rosenau（ed）.Comparing Foreign Policy[C] .New York: John Wiley and Sons, 1974.

[80] Davidson L. Calfee, "Get Your Mission Statement Working!", Management Review, 1993（1）: 54-57.

[81] Dichter E. The worl. consumer.[J] Harvar. Busines. Review, 1962. 51-60. I. Dzeve. S. Queste. P. Country-of-origi. effect. on purchasing agent's product perceptions: An australian perspective. Industrial Marketing Management, 1999, 28: 165-175.

[82] Dichter E. The world consumer[J]. Harvard Business Review, 1962: 51-60.

[83] Dinnie K. Nation Branding: Concepts, lssues, Practice[M].Oxford: butterworth-Heinemann , 2008.

[84] Dodds, William B, Kent B. Monroe and Dhruv Grewal. Effects of Price, brand, and store information on buyers' product evaluations[J].Journal of Marketing Research, 1991, 28（3）: 307-319.

[85] Dowling G R. Creating Corporate Reputations : Identity, lmage and Performance[M]. Oxford: Oxford University Press, 2001.

[86] Eaves, Y. D.A Synthesis Technique for Grounded Theory Data

Analysis[J]. Journal of Advanced Nursing，2001，35（5）：654-663.

[87] Eugene D. Jaffe，Israel D. Nebenzahl，National Image & Competitive Advantage：The Theory and Practice of Country-of-Origin Effect[J] Journal of Marketing Research.

[88] Fan，Y. Branding the nation：towards a better understanding[J]. Place Branding and Public Diplomacy，2010，6（2）：97-103.

[89] Fennis，B. M. & Pruyn，A. H.（2007）.You are what you wear Brand personality influences on Consumer impress information. Journal of Business Research，2007，60：634-639.

[90] Fiske S T，Pavelchak M A. Category-based versus piecemeal-based affective responses：developments in schema-triggered effect. In Sorrentino RM，Hieeins ET ed. Handbook of motivation and coenition[M]. NewYork：Guilford Press，1986：1G7-204.

[91] Gardner B.G.& Levy S.J. The Product and the Brand[J].Harvard Business Review，1955，33（2）33-39.

[92] Gatignon，Hubert and Jean-Marc Xuereb，Strategic Orientation of the firm and new product performance[J]，Journal of Marketing Research，1997，34：77-90.

[93] Gerbner，G.，&Gross，L. Living with television：The violence profile.[J]Journal of Communicaiton，1976，26：172-199.

[94] Gudjonsson，H.“Nation branding”，Place Branding,2005,1（3）：283-98.

[95] Hagius L. R.& Charlotte H. M. Characteristic，Beneficial，and Image Attributes in Consumer Judgments of Similarity and Preference[J]. Journal of Consumer Research，1993，20：100-110.

[96] Han C M. Country images：Halo oh summary construct? [J].

Journal of Marketing Research, 1989, 26（2）: 235-256.

[97] Hans J. Morgenthau. Politics Among Nations: The Struggle for Power and Peace[M]. The McGraw-Hill Companies Inca, 1985: 86-97.

[98] Herzog H. Behavioral Science Concepts for Analyzing the Consumer Maketing and the Behavioral Science. Perry Bliss, ed. [M]. Boston: Allyn and Bacon , Inc., 1973.

[99] Hidalgo CA, Hansmann R. The building blocks of economic complexity. PNAS, 26-10570-10 575（2009）.

[100] Holbrook, M.B. and Corfman, Experience: Phaedrus Rides Again[J].K.P.Quality and Value in the Consumption Journal of Business Research, 1985: 31-57.

[101] Hong S T, Yi Y. A cross-national comparison of country-of-origin effects on product evaluations[J]. Journal of international consumer marketing, 1992, 4（4）: 49-71.

[102] J Benson, R Levinson, D Allison, The Brand Dilution Solution[J] Mergers & Acquisitions the Dealermakers Journal, 2009.

[103] James A.Caparaso and David P. Levine, Theories of Political Economy. [M]Cambridge: Cambridge University Press, 1992.

[104] Jesper Kunde. Corporate Religion[M]. London: Pearson Education.

[105] John W. Schouten and James H. Mc Alexander Subcultures of Consumption: An Ethnography of the New Bikers The Journal of Consumer Research, 1995, 22（1）: 43-61.

[106] K. J Holsti National Role Conceptions in the Study of Foreign Policyl AI .in S Walk-er（ed）.Role Theory and Foreign Policy A-nalysis [C]. Durham: Duke University Press, 1987.

[107] Kapferer, J. H Strategic Brand Management, [M]. London: Kogan Page, 1992.

[108] Kempena Luuk, Muradian Roldan, Sandoval Cesar. Too poor to be green consumers? A field experiment on revealed preferences for firewood in rural Guatemala [J]. Ecological Economics, In Press, Corrected Proof, 2009（68）: 2160-2167.

[109] Khalid I. Al - Sulaiti MJ Baker, Country of origin effects: a literature review [J]. Marketing Intelligence & Planning, 1998, 16（3）: 150-199.

[110] Kotler, P. and Gertner, D. . Country as brand, product, and beyond: a place marketing and brand management perspective [J].Journal of Brand Management, 2002, 9（4/5）. 249-61.

[111] Lantz Garold, Loeb Sandra .Country-of-origin and ethnocentrism: an analysis of Canadian and american preferences using social identitytheory [J]. Advance in Consumer Research, 1996 , 20: 684-689.

[112] Lopez C, Gotsi M. Andriopoulos C. Conceptualising the Influence of Corporate Image on Country Image [J] European , Journal of Marketing, 2011, 45（11/12）: 1601-1641.

[113] Lusch R F, Vargo S L, Wessels G. Toward a conceptual foundation for service science: Contributions from service - dominant logic[J].IBM Systems Journal, 2008, 47（1）: 5-14.

[114] MAGNUSSON P, KRISHNAN V, WESTJOHN S A, et al. The Spillover Effects of Prototype Brand Transgressions on Country Image and Related Brands [J]. Journal of International Marketing, 2014, 22（1）: 21-38.

[115] McCallin, A. M..Designing a Grounded Theory Study: Some

Practicalities [J]. Nursing in Critical Care，2003,8（5）：203-208.

[116] Melia，K.M..Rediscovering Glaser. Qualitative Health Research，1996,6（3）：368-378.

[117] N. B Wish National Attributes as Sources of National Role Conceptions：A Capability-Moovation Modell AI .in S. Walker（ed）.Role Theory and Foreign Policy Analysis [C].Durham：Duke University Press，1987.

[118] Nagashima A，.A Comparison of Japans，and U.S. Attituds Toward Foreign Products[J].Journal of Marketing Research，1970,34:68-74. Nagashima A.. A Comparative 'made in' Product Image Survey Among Japanese Business Men[J].Journal of Marketing，1977，41（3）：95-100.

[119] Pappu，R. and Quester，P. Country equity：conceptualization and empirical evidence[J]. International Business Review，2010，19（3）：276-291.

[120] Parameswaran R. Pisharodi R. M.Facets of Country of Origin Image：an Empirical Assessment [J].Journal of Adverting，1994，23（1）：43-61.

[121] Peter van Ham：Branding territory：Inside the wonderful worlds of PR and IR theory[J].Millennium，2002,31（2）：249-269.

[122] Peterson R A，Jolibert A J P. A meta-analysis of country-of-origin effects[J]. Journal of International Business Studies，1995，26（4）：883-899.

[123] Reichheld F. F. The Loyalty Effect：The Hidden Force Behind Growth，Profits and Lasting Ualue[M]. Boston：Harvard Business School Press，1996.

[124] Reynolds T.J. & Gutman J. Advertising is Image Managenment[J]. Journal of Adertising Research，1984，24：27-38.

[125] Roth M，Romeo J B. Matching product category and country image perceptions：A framework for managing country-of-origin effects. [J].

Journal of International Business Studies，1992，23（3）:477-497.

[126] SCHOOLER R D. Product Bias in the Central American Common Market [J] . Journal of Marketing Research,1965（2）： 394 -297.

[127] Simon Anholt，Nation-brands of the twenty-first century[J] Journal of Brand Management，1998, 5（6）： 395-406.

[128] Smith，K. & Biley，F. . Understanding Grounded Theory Principles and Evaluation. Nurse Researcher，1997,4（3）： 17-30.

[129] Steven Haines，Managing Product Management：Empowering Your Organization to Produce Competitive Products and Brands[M]McGraw-Hill，2011（9）.

[130] Theodore Levitt，The Globalization of Markets.[R] The Mckinsey Quarterly 1984.

[131] Thomas Hugh Feeley.Comment on halo effects in rating and evaluation research. [J]Human Communication Research,2002,28（4）： 578-586.

[132] Ulla Hakala，Country image as a nation-branding tool [J]. Marketing Intelligence & Planning ,2013,31(5):538-556.

[133] Van Ham，P. .The rise of the brand state：the postmodern politics of image and reputation [J].Foreign Affairs，2001,80(5):2-6.

[134] William W. D. Brand Equities，Elephants and Birds：A Commentary[A]，Aaker D.A. & Biel A. L. Brand Equity and Advertising[C] NJ：Lawrence Erlbaum Associates，1993.

[135] www. interbrand. com，Aligning your organization and your brand for performance, 2001. 3.

[136] Zeithaml Valarie A. Consumer perceptions of price，quality，and value：A means-end model and synthesis of evidence [J].Journal of Marketing 1988，52： 2-22.

附　录

附录 1. 被访者信息

表 F1　被访者信息

姓名	代码	被访者情况
LD	R1	男，31 岁，奢侈品行业品牌推广
CMF	R2	男，36 岁，问卷访谈对象
ZST	R3	男，28 岁，汽车爱好者
RJF	R4	女，26 岁，问卷访谈对象
WXC	R5	女，37 岁，问卷访谈对象
CJY	R6	女，23 岁，公众号（关注国外明星、"八卦"）博主
QJY	R7	女，21 岁，大学生，问卷访谈对象
ZTD	R8	男，24 岁，研究生，问卷访谈对象
ZJW	R9	男，27 岁，IT 从业者，问卷访谈对象
WLM	R10	男，41 岁，问卷访谈对象
WZ	R11	男，40 岁，问卷访谈对象
WB	R12	女，42 岁，时尚博主、时尚公众号创始人

DXN	R13	女，35 岁，文具、家庭用品爱好者
PFN	R14	女，36 岁，户外旅行爱好者
WY	R15	女，32 岁，问卷访谈对象
LY	R16	女，33 岁，问卷访谈对象
ZQ	R17	女，34 岁，珠宝行业从业者
ZB	R18	男，33 岁，技术、创新产品爱好者
LX	R19	男，32 岁，设计师
LHZ	R20	男，37 岁，摩托车爱好者
QHG	R21	男，42 岁，手表收集者
WYF	R22	女，34 岁，零售商场招商管理人员
DJ	R23	男，36 岁，广告公司品牌营销从业者
LLF	R24	女，29 岁，问卷访谈对象
ZY	R25	女，36 岁，自有品牌创始人
JN	R26	男，35 岁，音响爱好者
GXS	R27	男，46 岁，旅游达人
WG	R28	男，40 岁，海淘达人
JYH	R29	问卷访谈对象
DB	R30	大众消费者
SXB	R31	大众消费者
HR	R32	大众消费者

附录 2. 国家形象与品牌认知调查问卷

1-12-1. 提到德国 / 荷兰 / 英国 / 西班牙 / 法国 / 瑞士 / 意大利 / 瑞典 / 俄罗斯 / 美国 / 日本 / 韩国，您能想到什么？（开放性问题，不限）

1-12-2. 提到德国 / 荷兰 / 英国 / 西班牙 / 法国 / 瑞士 / 意大利 / 瑞典 / 俄罗斯 / 美国 / 日本 / 韩国，您能想到哪些产品？（开放性问题，限填三项）

1-12-3. 提到德国 / 荷兰 / 英国 / 西班牙 / 法国 / 瑞士 / 意大利 / 瑞典 / 俄罗斯 / 美国 / 日本 / 韩国，您能想到哪些品牌？（开放性问题，限填三项）

1-12-4. 您对德国 / 荷兰 / 英国 / 西班牙 / 法国 / 瑞士 / 意大利 / 瑞典 / 俄罗斯 / 美国 / 日本 / 韩国的产品或服务，以下各项指标评分如何？（1为最低数或最差，10为最高数或最好）

价格	1	2	3	4	5	6	7	8	9	10
质量	1	2	3	4	5	6	7	8	9	10
设计	1	2	3	4	5	6	7	8	9	10
原料	1	2	3	4	5	6	7	8	9	10
工艺	1	2	3	4	5	6	7	8	9	10
技术	1	2	3	4	5	6	7	8	9	10
环保性	1	2	3	4	5	6	7	8	9	10
安全性	1	2	3	4	5	6	7	8	9	10
整体评价	1	2	3	4	5	6	7	8	9	10

13-1. 您最想去留学的国家是（限填三项）：__、__、__.

13-2. 您最想去旅游的国家是（限填三项）：__、__、__.

13-3. 您最想去定居的国家是（限填三项）：__、__、__

13-4. 您最想去购物的国家是（限填三项）：__、__、__

13-5. 截至目前，您去过以下哪些国家？

（1）德国（2）法国（3）韩国（4）荷兰（5）美国（6）日本（7）瑞典（8）瑞士（9）西班牙（10）意大利（11）俄罗斯（12）英国（13）其他

14. 您最近一次了解到的新的外国品牌，是从什么渠道获知的？

（1）广播（2）电视（3）报纸（4）杂纸（5）互联网（6）朋友推荐（7）实体店（8）其他（请注明）：

请注明您获知新品牌信息的具体媒体名称或渠道名称：

15. 以下这些品牌分别是来自哪些国家的？

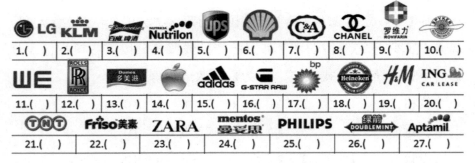

（1）德国（2）法国（3）韩国（4）荷兰（5）美国（6）日本（7）瑞典（8）瑞士（9）西班牙（10）意大利（11）俄罗斯（12）英国（13）其他

16. 个人信息

16-1. 您的性别：__.（1）男（2）女

16-2. 您目前所处的年级：__.（1）大一（2）大二（3）大三（4）大四

16-3. 您所学的专业类别：___.（1）哲学类（2）理学类（3）工学

类（4）农学类（5）文学类（6）医学类（7）经济学类（8）法学类（9）教育学类（10）历史学类（11）管理学类

16-4.您的个人月支出：__（1）500元以下（2）501~1000元（3）1001-2000元（4）2001-5000元（5）5001-8000元（5）8001元以上

附录 3. 调查问卷样本情况统计

表 F2 样本性别比例

性别	数量	百分比
男	159	49.5%
女	161	50.2%
合计	321	100.0%

表 F3 样本年级比例

年级	数量	百分比
大一	51	15.8%
大二	87	27.0%
大三	101	31.4%
大四	83	25.8%
合计	322	100.0%

表 F4 样本专业分布

专业分布	频率	百分比
哲学类	1	0.3%
理学类	19	5.9%
工学类	99	30.8%
文学类	67	20.9%
医学类	5	1.6%
经济学类	55	17.1%
法学类	39	12.1%
教育学类	3	0.9%

专业分布	频率	百分比
历史学类	1	0.3%
理学类	32	10.0%
合计	321	100.0%

表 F5　样本专业分布

平均月消费分布	频率	百分比
500 元以下	15	4.7%
501~1000 元	61	19.1%
1001~2000 元	186	58.1%
2001~5000 元	56	17.5%
5001~8000 元	1	0.3%
8001 元以上	1	0.3%
合计	320	100.0%